Pullunder stricken

AF637638

CV

Vorwort

Er ist zurück! Der Pullunder … oder Slipover?
Wie auch immer es nun genannt wird, es ist der Trend der Saison.
Neu ist jedoch, dass es das Statement-Piece jetzt auch in cropped gibt.

In diesem Buch ist von allem etwas dabei. Egal ob lang oder kurz, weit oder schmal, hier findet jede ihr Lieblingsmodell.
Es sind sowohl für Anfänger geeignete Modelle dabei als auch Schmuckstücke für fortgeschrittene Strickerinnen.

Das Beste ist, die Slipover sind wandlungsfähig und individuell anpassbar in ihrer Länge. Dank ihrer unendlichen Kombinationsmöglichkeiten und ihres einfachen Stylings sind sie eine beliebte Wahl an kalten Tagen.

Erstelle dein eigenes Trend-Piece.

Viel Spaß beim Stricken!

Babette Ulmer

Inhalt

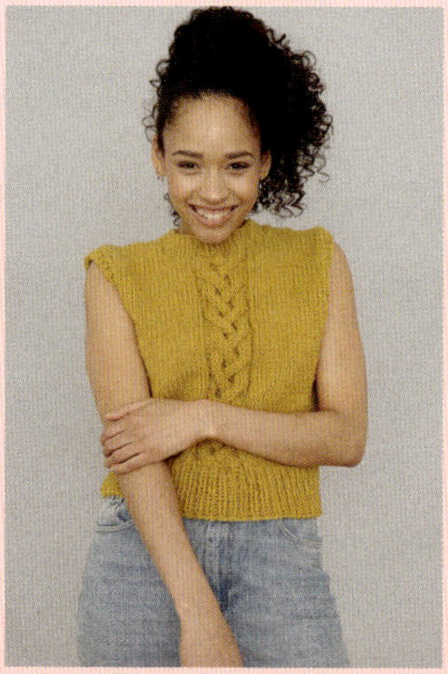

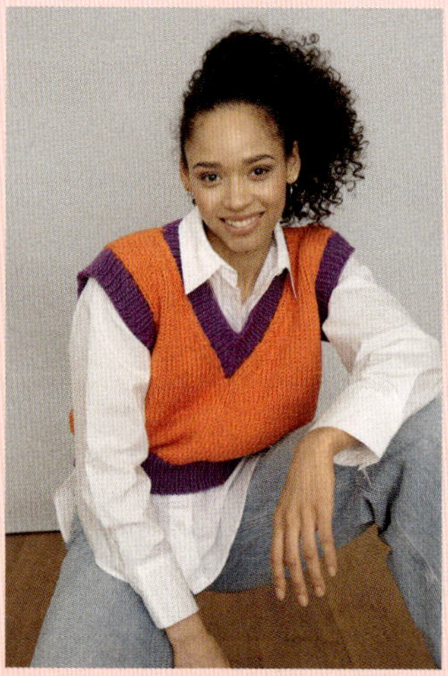

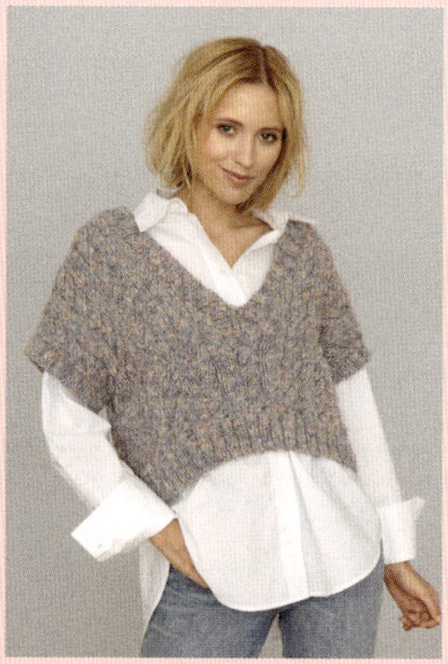

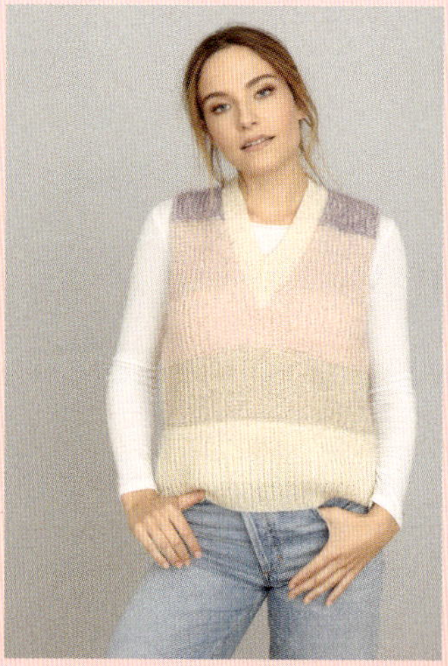

Coco

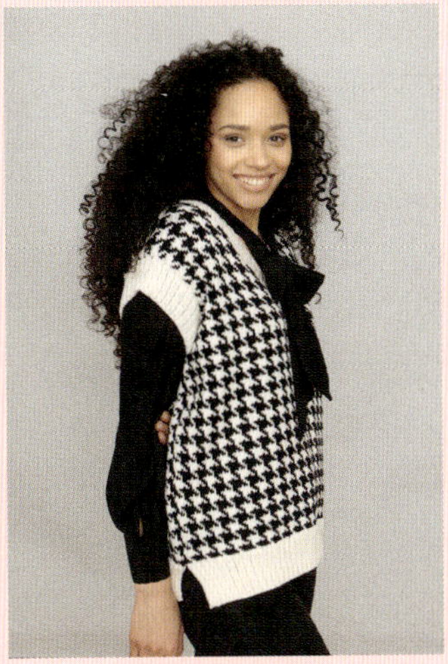

Seite 34

Manon

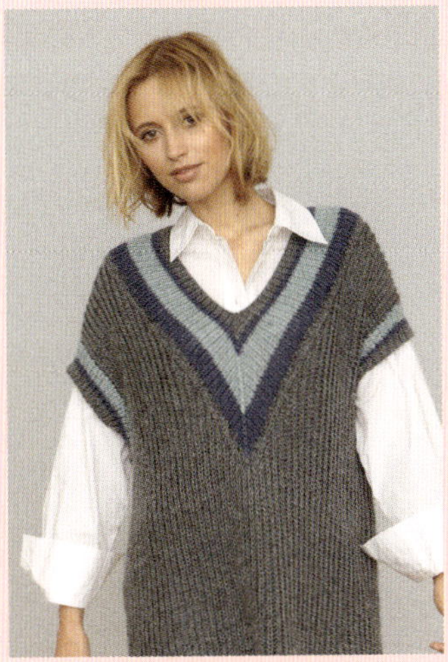

Seite 40

Audrey

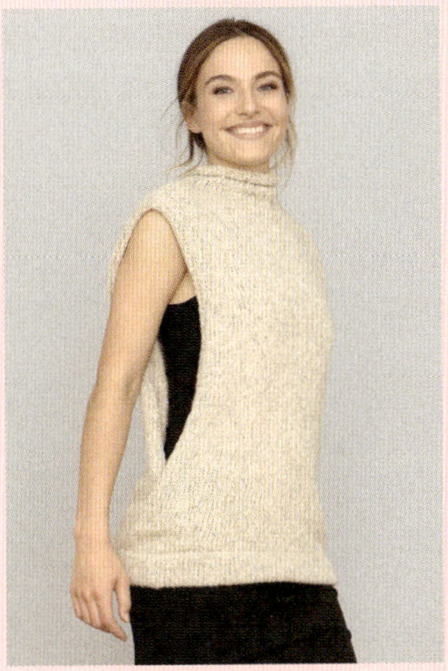

Seite 46

Gaia

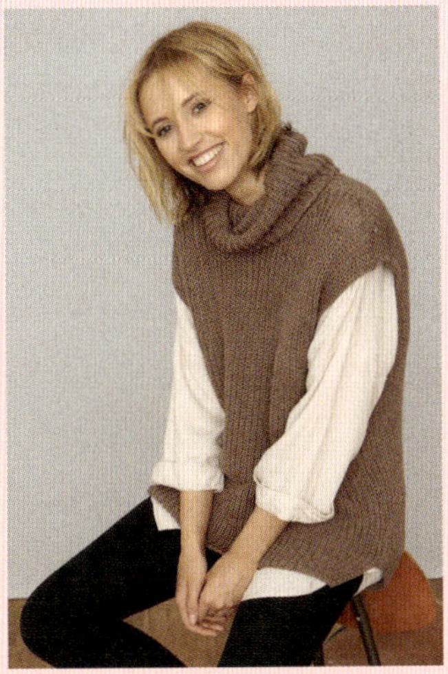

Seite 52

Camille

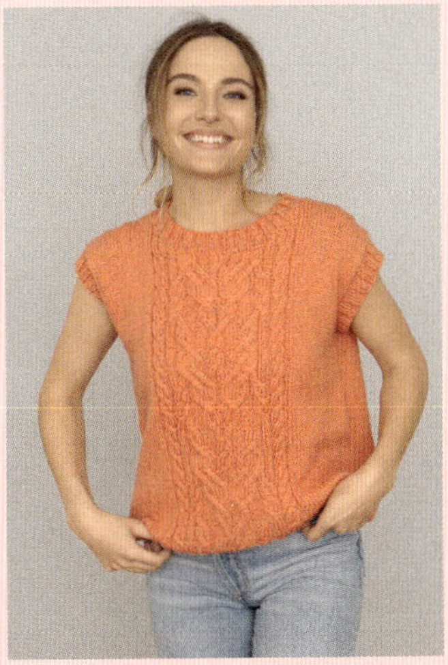

Seite 56

Greta

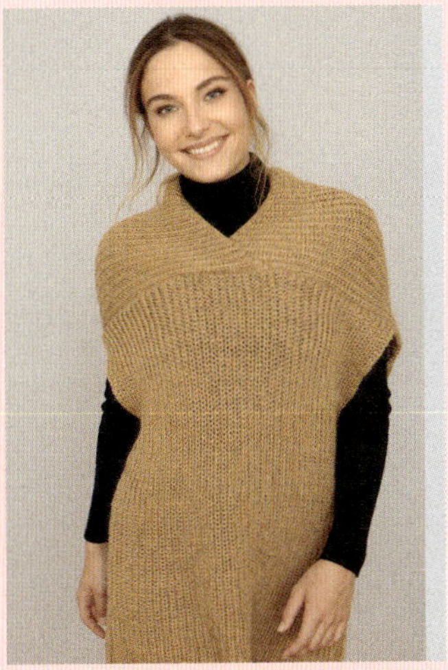

Seite 62

Marina

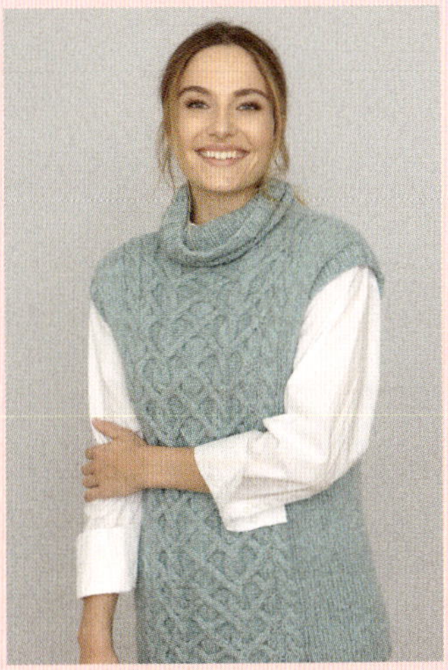

Seite 68

Chloe

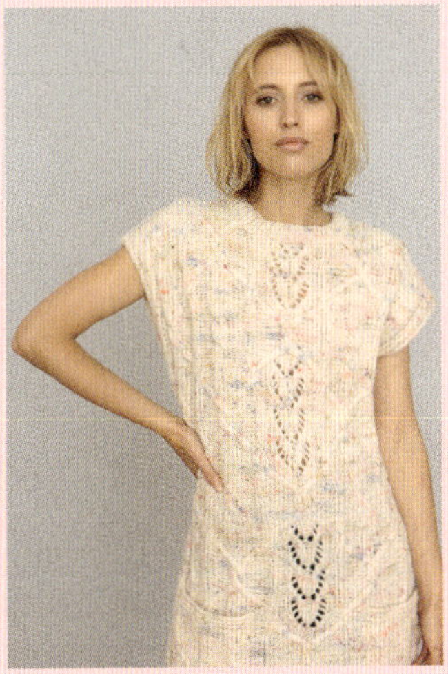

Seite 74

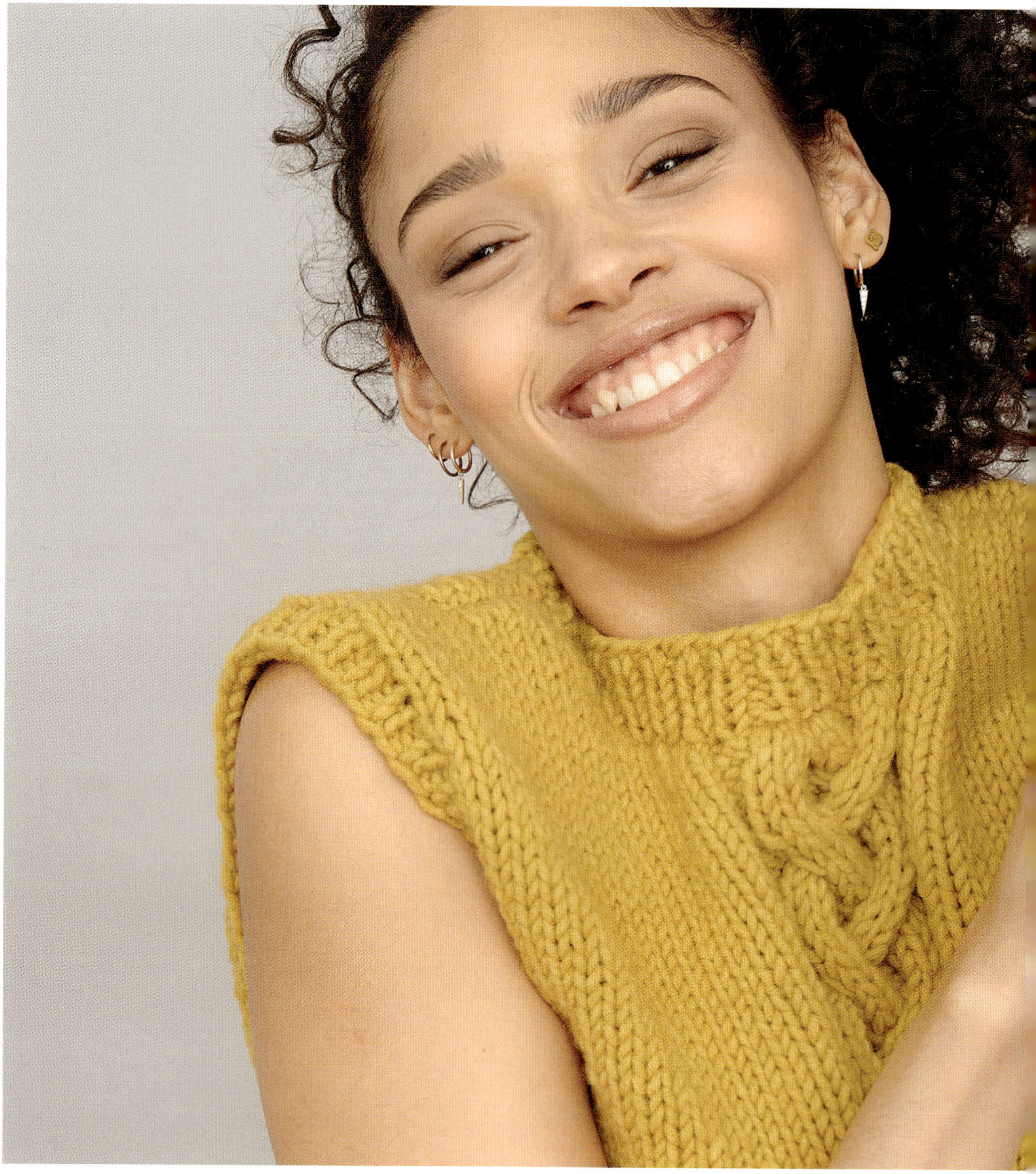

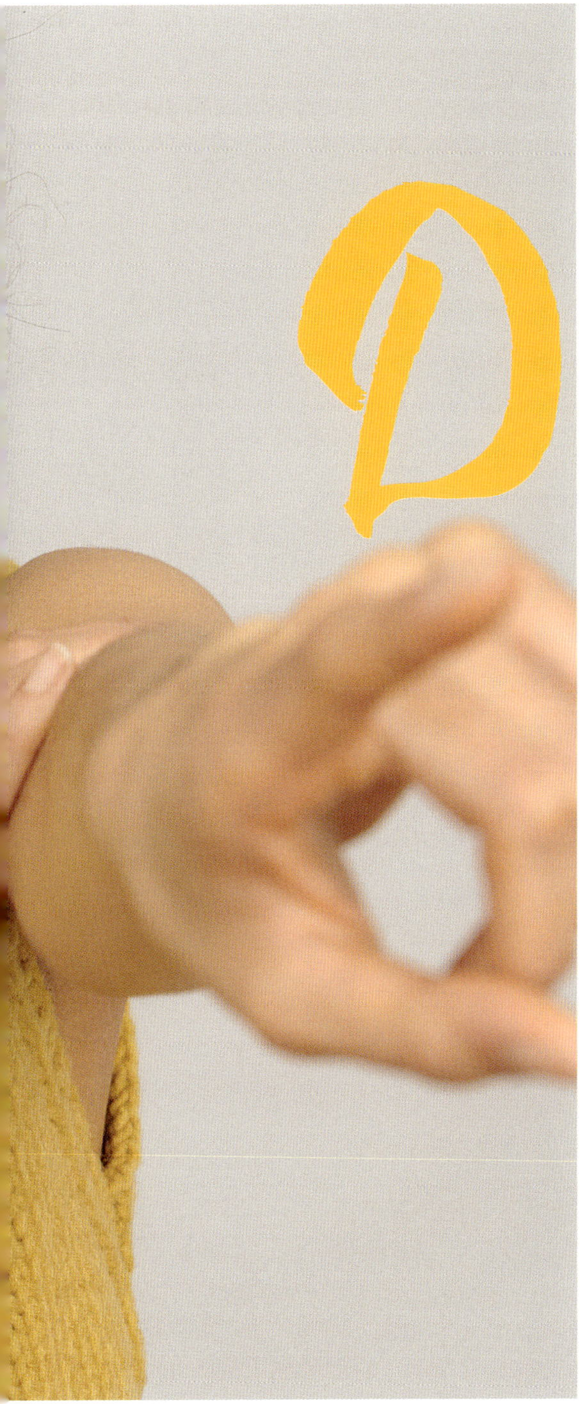

Daisy

Der Pullunder-Quickie: Mit dickem Schurwoll-Garn entsteht schnell und einfach dieser gemütliche Slipover. Der schmückende Zopf im Vorderteil ist hier der Hingucker. Daisy strahlt in beliebigen Farben!

GRÖSSE:

36/38, 40/42 und 44/46

Die Angaben für Größe 36/38 stehen vor der Klammer, die für Größe 40/42 und 44/46 hintereinander in den Klammern. Steht nur eine Angabe, gilt diese für alle Größen.

MATERIAL:

Merino Dick von Junghans-Wolle (70% Schurwolle, 30% Polyacryl, 55 m/50 g) 350 (350/400) g Senf (Fb 106-813) Stricknadeln 6,5 und 7,0 mm; 1 Rundstricknadel 6,5 mm (40 cm)

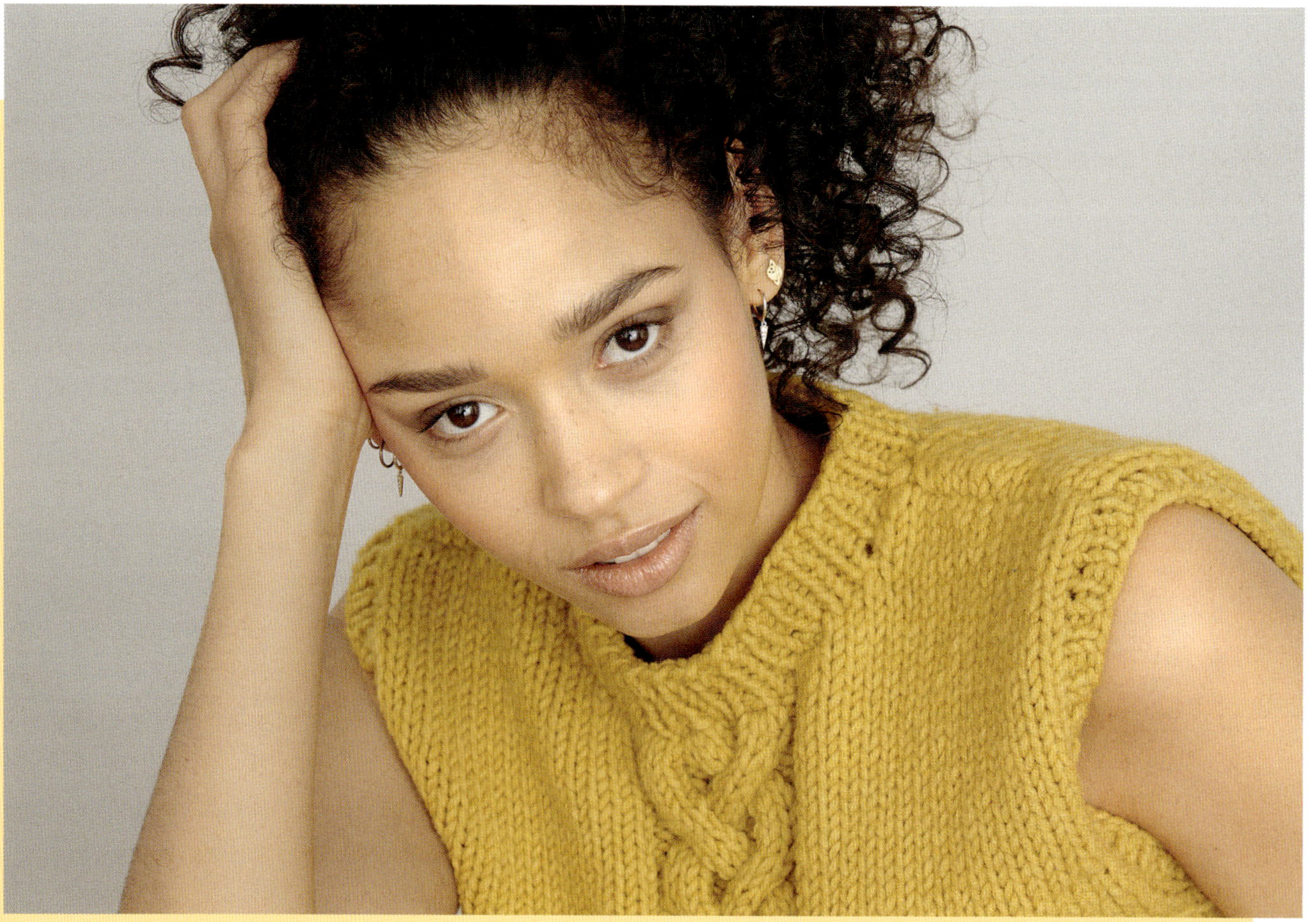

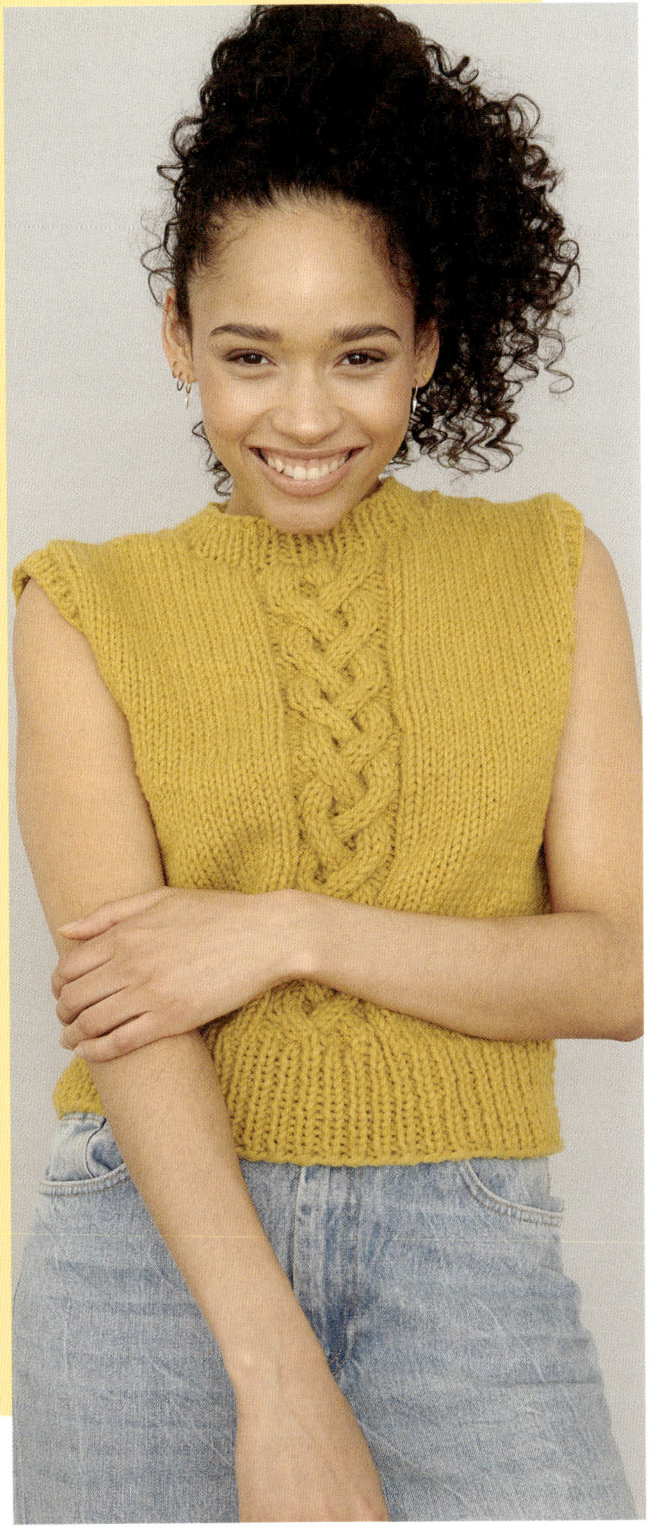

MUSTER UND TECHNIKEN:

Rippenmuster:
1 Masche rechts, 1 Masche links im Wechsel stricken.

Glatt rechts:
In Hinreihen rechte Maschen und in Rückreihen linke Maschen stricken.

Zopf über 19 Maschen:
Nach Strickschrift arbeiten. Es sind nur Hinreihen dargestellt; in den Rückreihen Maschen stricken, wie sie erscheinen. Die 1.–8. Reihe stets wiederholen.

Betonte Abnahmen (in Hinreihen):
Rechter Rand: 1 Randmasche, 1 Masche glatt rechts, 2 Maschen rechts überzogen zusammenstricken (= 1 Masche wie zum Rechtsstricken abheben, 1 Masche rechts stricken, dann die abgehobene Masche überziehen), restliche Maschen mustergemäß stricken.
Linker Rand: Bis zu den letzten 4 Maschen mustergemäß stricken, dann 2 Maschen rechts zusammenstricken, 1 Masche glatt rechts, 1 Randmasche.

MASCHENPROBEN:

Glatt rechts: 12 Maschen und 18 Reihen = 10cm x 10cm
Zopf: 19 Maschen und 18 Reihen = 9cm x 10cm

So wird's gemacht:

RÜCKENTEIL:

58 (62/66) Maschen mit Nadeln 6,5 mm anschlagen und für den Bund 8 cm im Rippenmuster stricken. Dann mit Nadeln 7,0 mm glatt rechts weiterarbeiten. Für die Seitenschrägen beidseitig in der 9. Reihe ab Bund 1 x 1 Masche, dann in der folgenden 8. Reihe 1 x 1 Masche und in der folgenden
6. Reihe 1 x 1 Masche zunehmen = 64 (68/72) Maschen. In 25 cm Gesamthöhe für die Armausschnitte beidseitig 1 x 1 Masche, dann in jeder 2. Reihe 4 x je 1 Masche und in jeder 4. Reihe 3 x je 1 Masche betont abnehmen = 46 (50/54) Maschen. In 49 (51/53) cm Gesamthöhe für die Schulterschrägen beidseitig 1 x 6 (7/8) Maschen und in der folgenden 2. Reihe 1 x 6 (7/8) Maschen abketten. Gleichzeitig mit Beginn der Schulterschrägung für den Halsausschnitt die mittleren 22 Maschen abketten und beide Seiten getrennt beenden. Andere Seite gegengleich beenden.

VORDERTEIL:

58 (62/66) Maschen mit Nadeln 6,5 mm anschlagen und für den Bund 8 cm im Rippenmuster stricken. In der letzten Bund-Reihe über die mittleren 10 Maschen gleichmäßig verteilt 9 Maschen zunehmen = 67 (71/75) Maschen. Dann mit Nadel 7,0 mm weiterarbeiten und die Maschen wie folgt einteilen: 1 Randmasche, 23 (25/27) Maschen glatt rechts, 19 Maschen Zopf, 23 (25/27) Maschen glatt rechts, 1 Randmasche. Für die Seitenschrägen beidseitig in der 9. Reihe ab Bund 1 x 1 Masche, dann in der folgenden 8. Reihe 1 x 1 Masche und in der folgenden 6. Reihe 1 x 1 Masche zunehmen = 73 (77/81) Maschen. In 25 cm Gesamthöhe für die Armausschnitte beidseitig 1 x 1 Masche, dann in jeder 2. Reihe 4 x je 1 Masche und in jeder 4. Reihe 3 x je 1 Masche betont abnehmen = 57 (61/65) Maschen. In 44 (46/48) cm Gesamthöhe für den Halsausschnitt die mittleren 19 Maschen abketten und beide Seiten getrennt beenden. Für die Ausschnittrundung am inneren Rand in jeder 2. Reihe 1 x 3 Maschen, 1 x 2 Maschen, 1 x 1 Masche und in der folgenden 4. Reihe 1 x 1 Masche abketten. In 48 (50/52) cm Gesamthöhe für die Schulterschräge am äußeren Rand 1 x 6 (7/8) Maschen und in der folgenden 2. Reihe 1 x 6 (7/8) Maschen abketten. Andere Seite gegengleich beenden.

FERTIGSTELLEN:

Die Schulternähte schließen. Aus dem Halsausschnitt 56 Maschen mit der Rundstricknadel 6,5 mm auffassen und 3 cm im Rippenmuster in Runden stricken. Maschen abketten. Seitennähte schließen. Aus den Armausschnitten je 62 (66/72) Maschen mit der Rundstricknadel auffassen und 1 cm im Rippenmuster in Runden stricken. Maschen abketten.

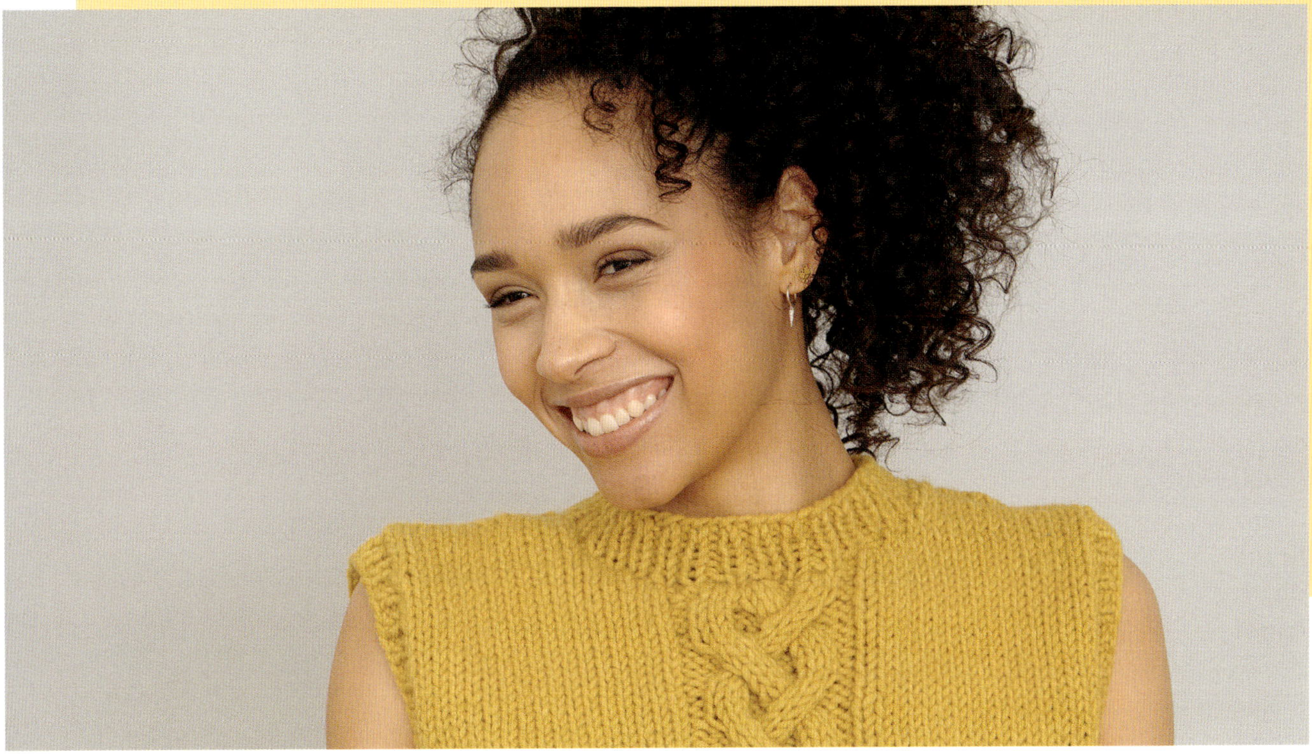

Strickschrift:

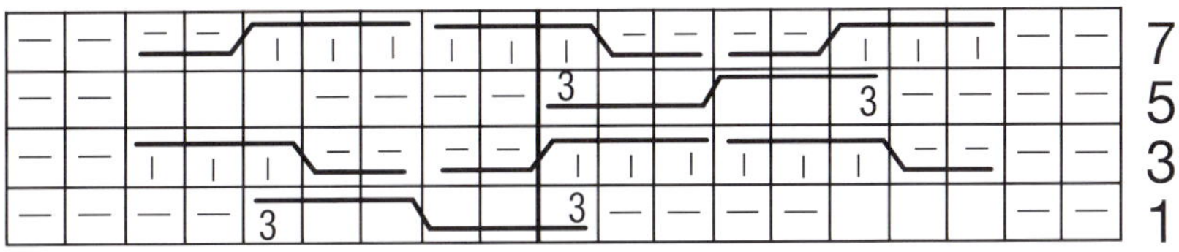

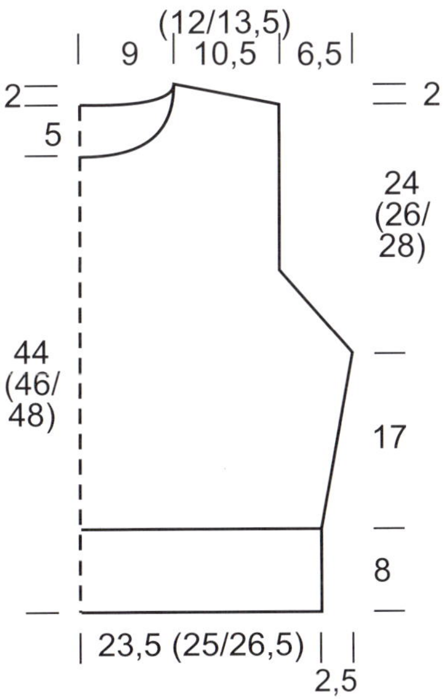

Zeichenerklärung:

□ = 1 Masche rechts

⊟ = 1 Masche links

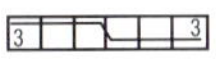 = 3 Maschen auf eine Hilfsnadel vor die Arbeit legen, 3 Maschen rechts stricken, dann die Maschen der Hilfsnadel rechts stricken

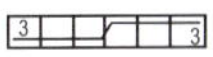 = 3 Maschen auf eine Hilfsnadel hinter die Arbeit legen, 3 Maschen rechts stricken, dann die Maschen der Hilfsnadel rechts stricken

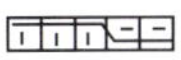 = 3 Maschen auf eine Hilfsnadel vor die Arbeit legen, 2 Maschen links stricken, dann die Maschen der Hilfsnadel rechts stricken

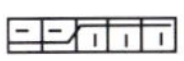 = 2 Maschen auf eine Hilfsnadel hinter die Arbeit legen, 3 Maschen rechts stricken, dann die Maschen der Hilfsnadel links stricken

Emelie

Kurz und knallig – in Kombination mit lässigen Blue Jeans und einem weißen Oversized-Hemd ist das perfekte Alltagsoutfit komplett. Dank dicken Nadeln und weichem Schurwoll-Garn ist Emelie schnell angefertigt und bereit, getragen zu werden.

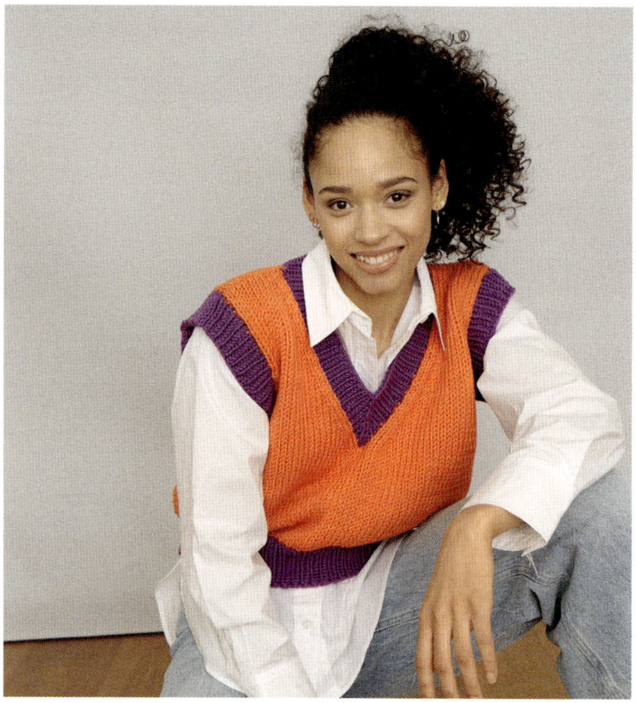

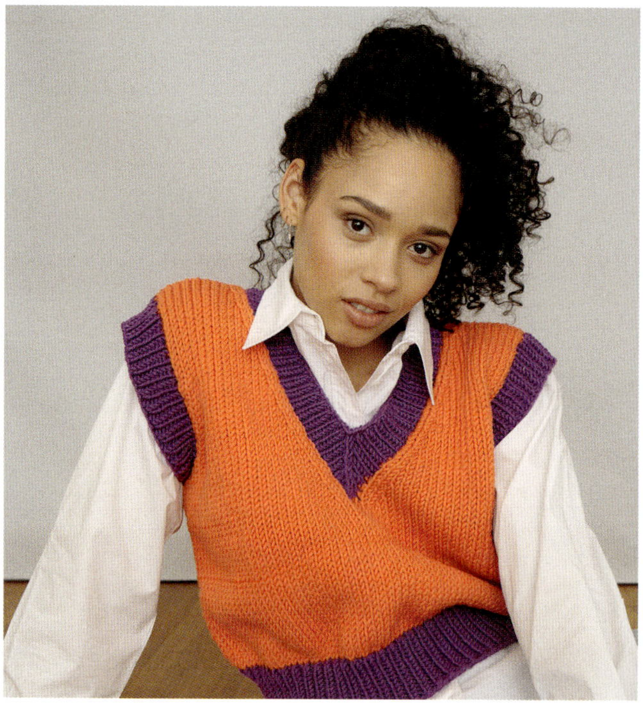

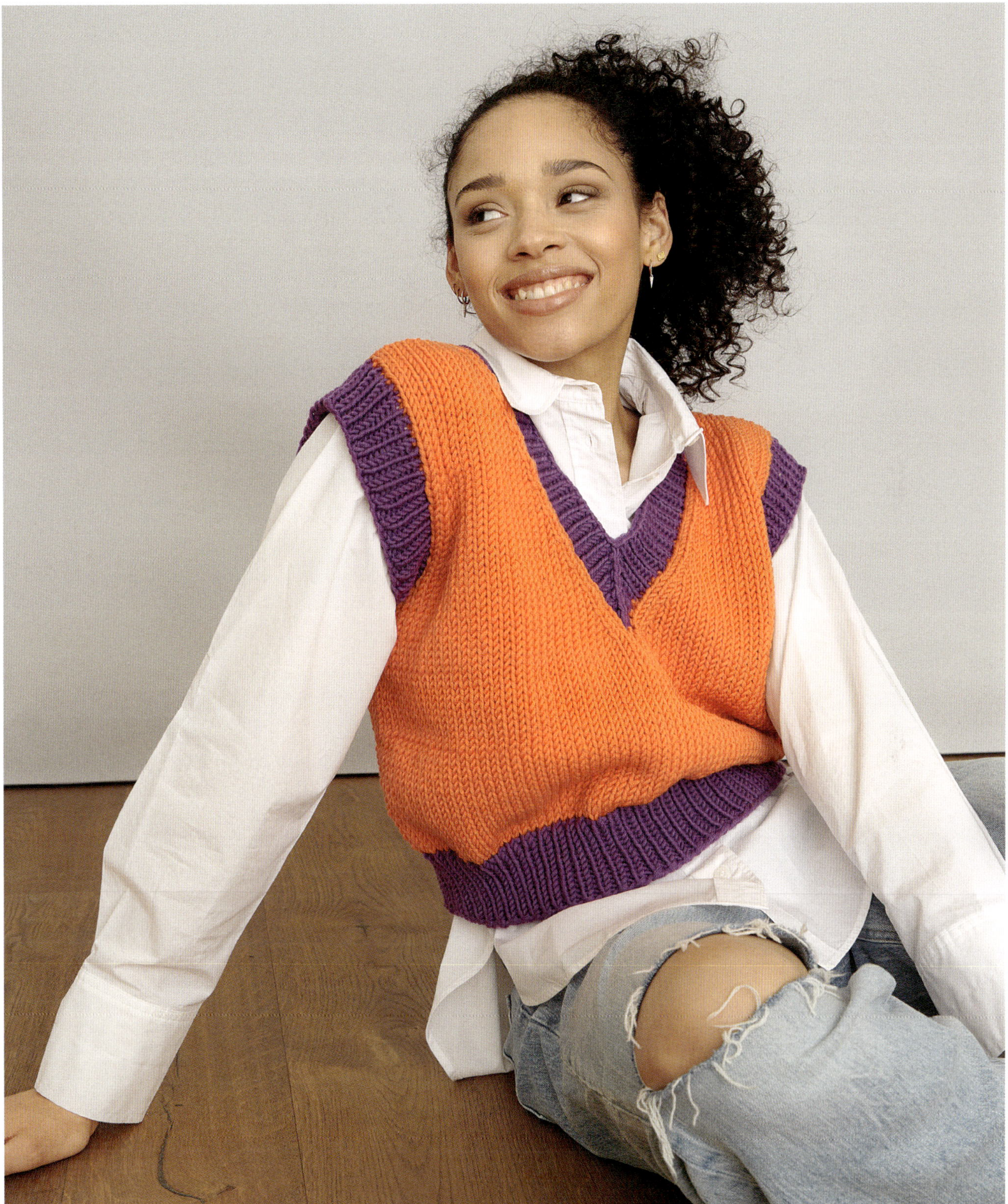

Emelie

GRÖSSE:

36/38, 40/42 und 44/46

Die Angaben für Größe 36/38 stehen vor der Klammer, die für Größe 40/42 und 44/46 hintereinander in den Klammern. Steht nur eine Angabe, gilt diese für alle Größen.

MATERIAL:

Linie 13 Starwool Big von ONline (100% Schurwolle, 50m/50g) 350 (400/400)g Kürbis (Fb 13) und 150 (200/200)g Lila (Fb 04) Stricknadeln 6,0 und 7,0mm; 1 Rundstricknadel 6,0mm (40cm)

MUSTER UND TECHNIKEN:

Rippenmuster:

1 Masche rechts, 1 Masche links im Wechsel stricken.

Glatt rechts:

In Hinreihen rechte Maschen und in Rückreihen linke Maschen stricken.

Betonte Abnahmen (in Hinreihen):

Rechter Rand: 1 Randmasche, 1 Masche glatt rechts, 2 Maschen rechts überzogen zusammenstricken (= 1 Masche wie zum Rechtsstricken abheben, 1 Masche rechts stricken, dann die abgehobene Masche überziehen), restliche Maschen mustergemäß stricken.
Linker Rand: Bis zu den letzten 4 Maschen mustergemäß stricken, dann 2 Maschen rechts zusammenstricken, 1 Masche glatt rechts, 1 Randmasche.

MASCHENPROBE:

Glatt rechts: 13 Maschen und 18 Reihen = 10cm x 10cm.

So wird's gemacht:

RÜCKENTEIL:

72 (78/84) Maschen mit Nadeln 6,0mm in Lila anschlagen und für den Bund 7cm = 14 Reihen im Rippenmuster stricken, dabei mit 1 Rückreihe beginnen. Dann mit Nadel 7,0mm glatt rechts weiterarbeiten. In 29cm Gesamthöhe für die Armausschnitte beidseitig 1 x 3 Maschen, dann in jeder 2. Reihe 1 x 2 Maschen abketten, dann 4 x je 1 Masche und in jeder 4. Reihe 2 x je 1 Masche betont abnehmen = 50 (56/62) Maschen. In 46 (48/50) cm Gesamthöhe für den Halsausschnitt die mittleren 22 Maschen abketten und beide Seiten getrennt beenden. Für die Ausschnittrundung am inneren Rand in der folgenden 2. Reihe 1 x 2 Maschen abketten. In 48 (50/52) cm Gesamthöhe die restlichen 12 (15/18) Maschen abketten. Andere Seite gegengleich beenden.

VORDERTEIL:

Wie das Rückenteil stricken, jedoch für den V-Ausschnitt in 24 (26/28) cm Gesamthöhe die Arbeit in der Mitte teilen und beide Seiten getrennt beenden. Für

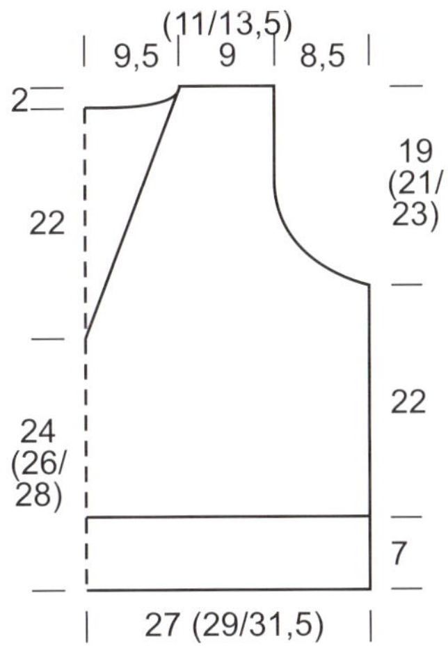

die Ausschnittschräge am inneren Rand in jeder 2. Reihe 6 x je 1 Masche und in jeder 4. Reihe 7 x je 1 Masche betont abnehmen. Andere Seite gegengleich beenden.

FERTIGSTELLEN:

Die Schulternähte schließen. Aus dem Halsausschnitt 114 Maschen mit der Rundstricknadel 6,0 mm in Lila auffassen und 4 cm im Rippenmuster in Runden stricken, dabei die Maschen so einteilen, dass in der V-Ausschnittspitze 1 Masche rechts liegt. In jeder Runde die 3 Maschen der V-Ausschnittspitze rechts überzogen zusammenstricken (= 2 Maschen gemeinsam wie zum Rechtstricken abheben, 1 Masche rechts stricken, dann die abgehobenen Maschen zusammen überziehen). Maschen abketten, dabei die Abnahmen in der V-Ausschnittspitze arbeiten. Seitennähte schließen. Aus den Armausschnitten je 66 (72/78) Maschen mit der Rundstricknadel 6,0 mm in Lila auffassen und 4 cm im Rippenmuster in Runden stricken. Maschen abketten.

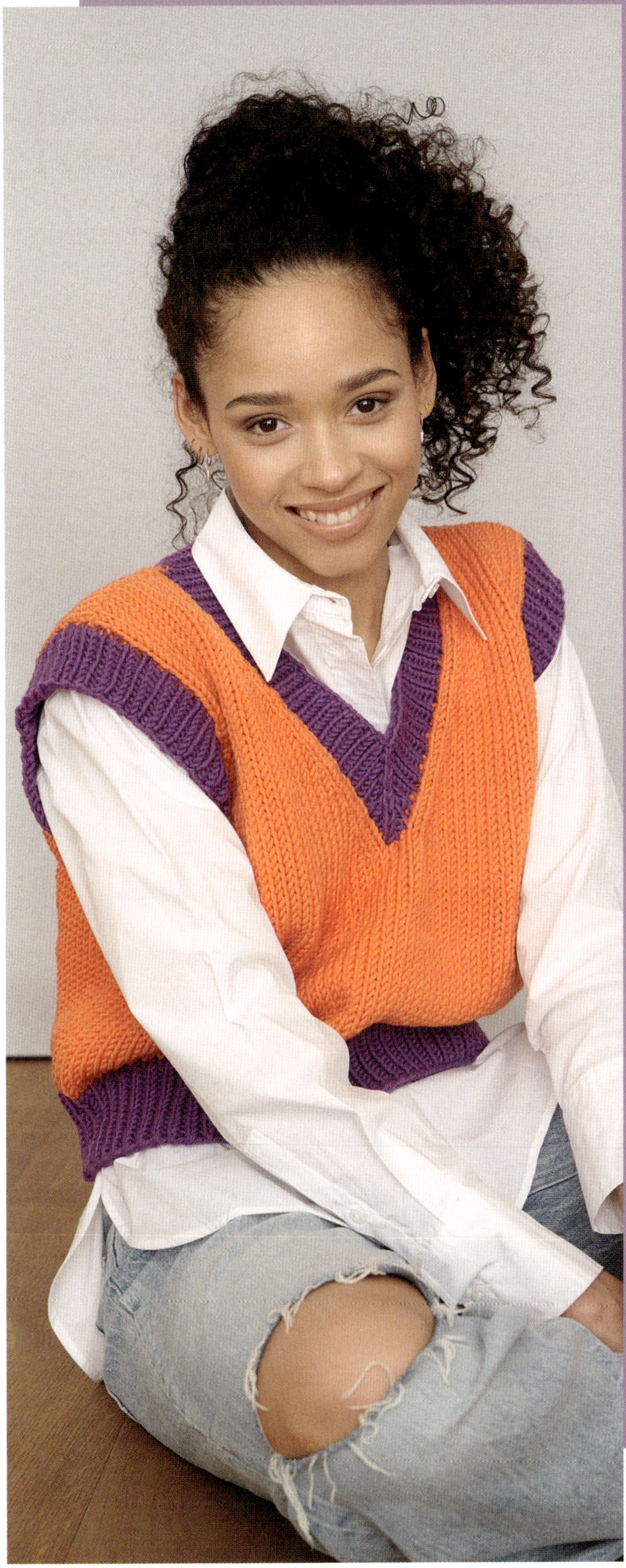

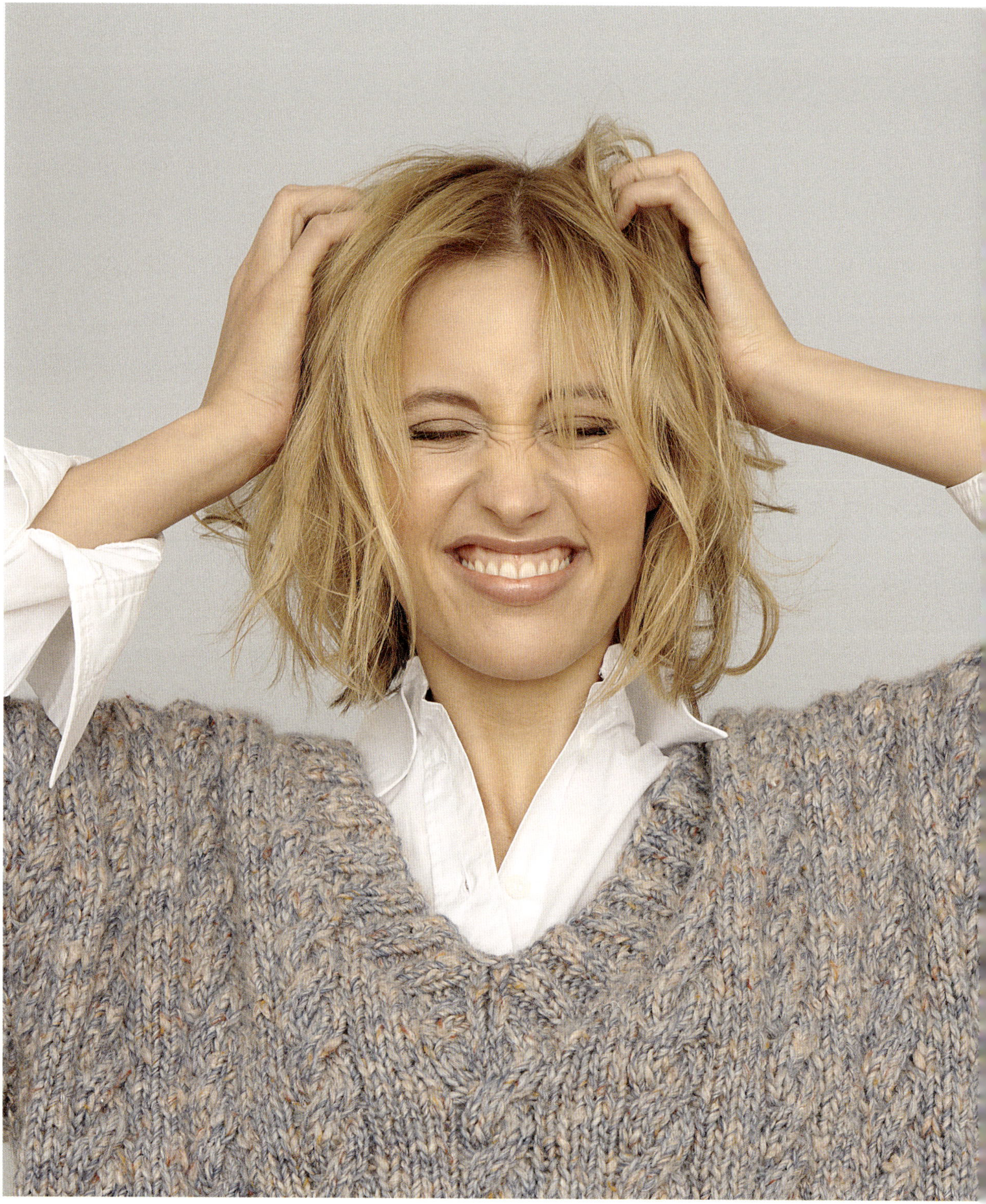

Agnes

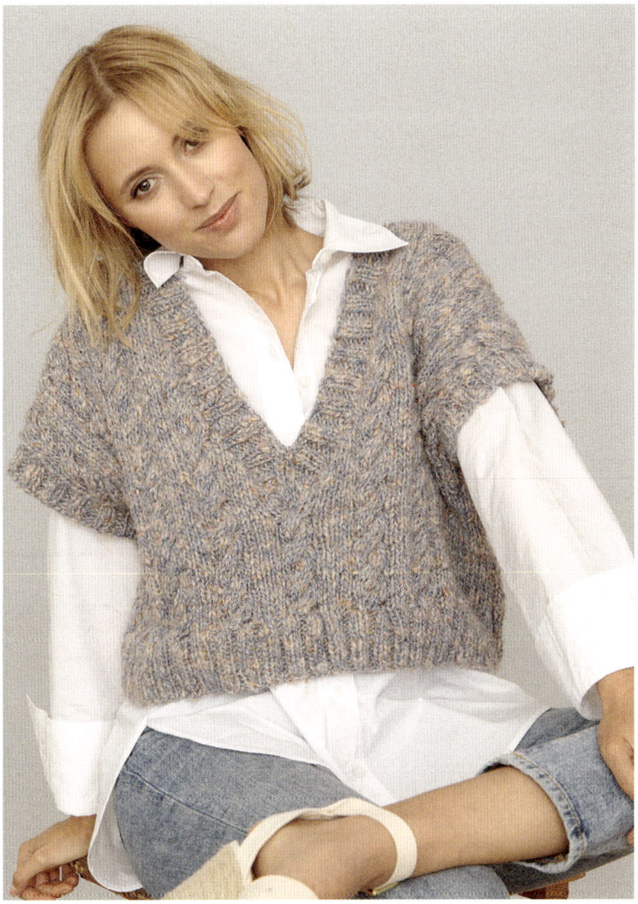

Dieser gemütliche Pullunder wärmt und wertet die simple Jeans-Blusenkombi auf! Im Crop Stil, angenehm weit und aus weichem mehrfarbigem Tweedgarn ist Agnes ein Must-have für die Herbst- und Wintermonate. Der tiefe Ausschnitt sowie die kleinen Zöpfe geben dem Modell Persönlichkeit! Wer es länger mag, strickt einfach mehr Zentimeter bis zum Beginn der überschnittenen Schulter bzw. des vorderen Halsausschnitts.

Agnes

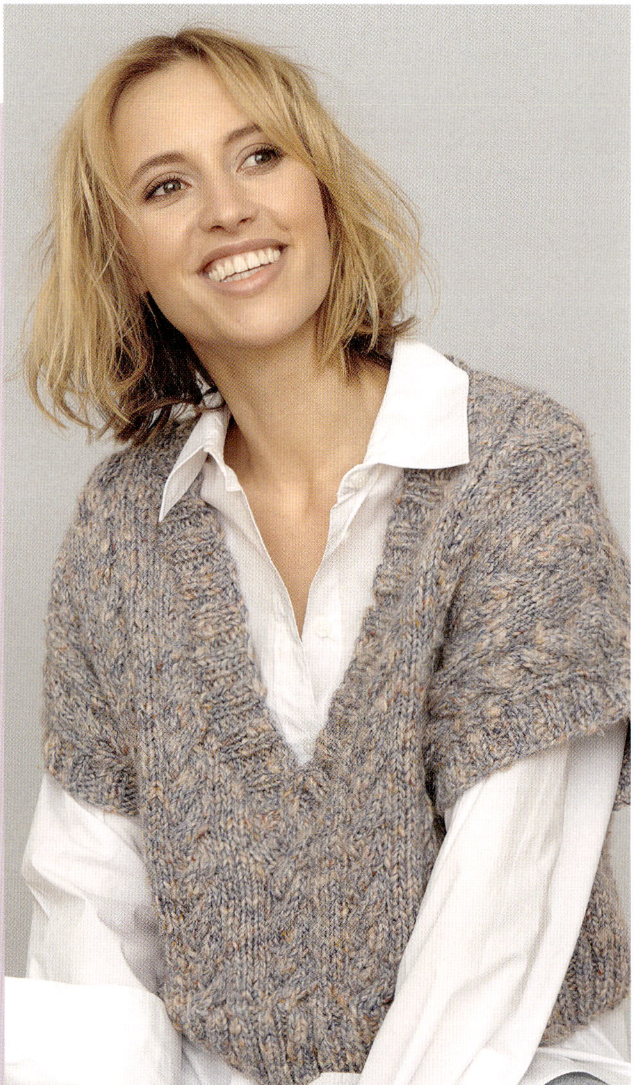

GRÖSSE:

36/38, 40/42 und 44/46

Die Angaben für Größe 36/38 stehen vor der Klammer, die für Größe 40/42 und 44/46 hintereinander in den Klammern. Steht nur eine Angabe, gilt diese für alle Größen.

MATERIAL:

Nordic Tweed von Austermann (46% Polyacryl, 20% Schurwolle, 17% Viskose, 17% Polyester, 100m/50g) 350 (350/400) g Wolke (Fb 07) Stricknadeln 5,0 und 6,0mm; 1 Rundstricknadel 5,0mm (40cm)

MUSTER:

Rippenmuster:

2 Maschen rechts, 2 Maschen links im Wechsel stricken.

Glatt rechts:

In Hinreihen rechte Maschen und in Rückreihen linke Maschen stricken.

Zopf über 8 Maschen:

Nach Strickschrift arbeiten. Es sind nur Hinreihen dargestellt; in den Rückreihen Maschen stricken, wie sie erscheinen. Die 1.–6. Reihe stets wiederholen.

MASCHENPROBE:

Mascheneinteilung: 16 Maschen und 20 Reihen = 10 cm x 10 cm.

So wird's gemacht:

RÜCKENTEIL:

98 (106/114) Maschen mit Nadeln 5,0 mm anschlagen und für den Bund 6 cm = 13 Reihen im Rippenmuster stricken, dabei in der 1. Reihe = 1 Rückreihe nach der Randmasche mit 1 Masche links, 2 Maschen rechts, 2 Maschen links beginnen und gegengleich enden. In der letzten Bundreihe gleichmäßig verteilt 2 (0/0) Maschen zunehmen = 100 (106/114) Maschen. Dann mit Nadeln 6,0 mm weiterarbeiten und Maschen wie folgt einteilen: 1 Randmasche, 9 (0/4) Maschen glatt rechts, *8 Maschen Zopf, 4 Maschen glatt rechts, ab * 6 (8/8) x arbeiten, 8 Maschen Zopf, 9 (0/4) Maschen glatt rechts, 1 Randmasche. In 18 cm Gesamthöhe für die überschnittenen Schultern beidseitig 1 x 1 Masche, dann in jeder 2. Reihe 1 x 1 Masche und 1 x 2 Maschen zunehmen bzw. dazu anschlagen = 108 (114/122) Maschen. Nun Maschen wie folgt einteilen: 1 Randmasche, 1 (4/8) Maschen glatt rechts, *8 Maschen Zopf, 4 Maschen glatt rechts, ab * 8 x arbeiten, 8 Maschen Zopf, 1 (4/8) Maschen glatt rechts, 1 Randmasche. In 39 (41/43) cm Gesamthöhe für die Schulterschrägen

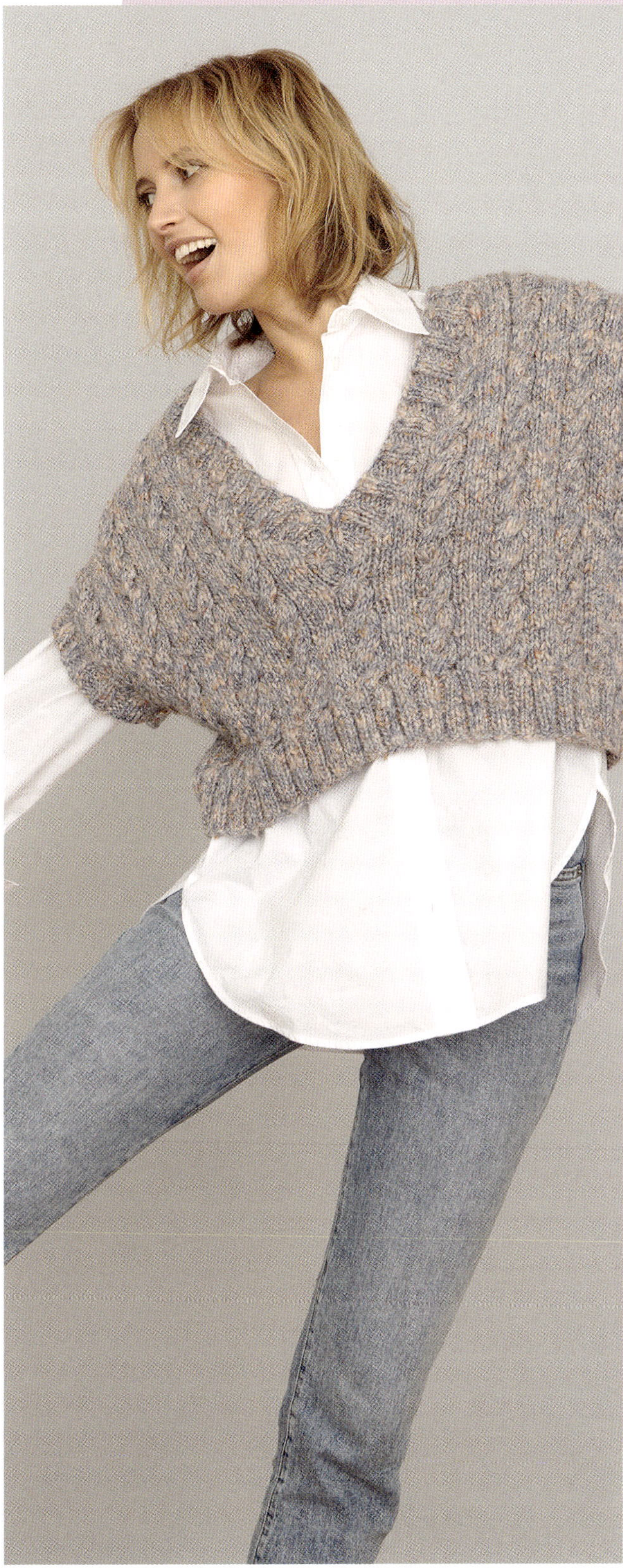

beidseitig 1 x 6 (6/7) Maschen und in jeder 2. Reihe 3 x je 6 Maschen und 2 x je 7 Maschen (5 x je 7 Maschen/1 x 7 Maschen und 4 x je 8 Maschen abketten. Gleichzeitig in 43 (45/47) cm Gesamthöhe für den Halsausschnitt die mittleren 28 Maschen abketten und beide Seiten getrennt beenden. Für die Ausschnittrundung am inneren Rand in der folgenden 2. Reihe 1 x 2 Maschen abketten. Andere Seite gegengleich beenden.

VORDERTEIL:

Wie das Rückenteil stricken, jedoch für den V-Ausschnitt in 17 (19/21) cm Gesamthöhe die Arbeit in der Mitte teilen und beide Seiten getrennt beenden. Für die Ausschnittschräge am inneren Rand in jeder 2. Reihe 6 x je 1 Masche und in jeder 4. Reihe 10 x je 1 Masche abketten. Andere Seite gegengleich beenden.

FERTIGSTELLEN:

Die Schulternähte schließen. Aus dem Halsausschnitt 124 Maschen mit der Rundstricknadel 5,0 mm auffassen und 4 cm im Rippenmuster in Runden stricken, dabei die Maschen so einteilen, dass in der V-Ausschnittspitze 2 Maschen rechts liegen. In jeder Runde die 1. Masche der V-Ausschnittspitze mit der Masche davor rechts zusammenstricken und die 2. Masche der V-Ausschnittspitze mit der Masche rechts überzogen zusammenstricken (= 1 Masche wie zum Rechtstricken abheben, 1 Masche rechts stricken, dann die abgehobene Masche überziehen). Maschen abketten. Seitennähte schließen. Aus den Armausschnitten je 64 (68/76) Maschen mit der Rundstricknadel auffassen und 3 cm im Rippenmuster in Runden stricken. Maschen abketten.

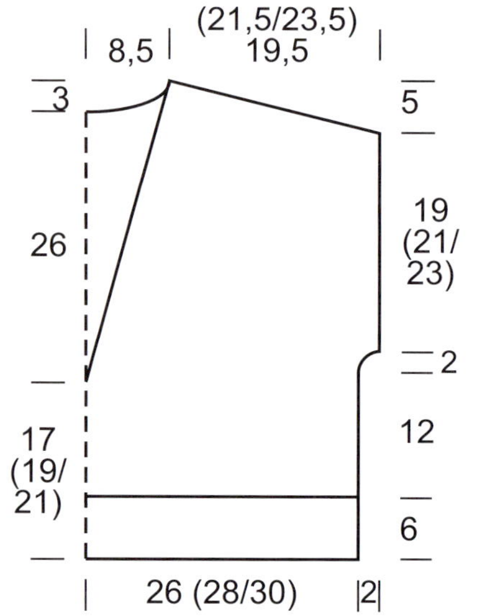

Zeichenerklärung:

☐ = 1 Masche rechts

⊟ = 1 Masche links

= 3 Maschen auf eine Hilfsnadel hinter die Arbeit legen, 3 Maschen rechts stricken, dann die Maschen der Hilfsnadel rechts stricken

Strickschrift:

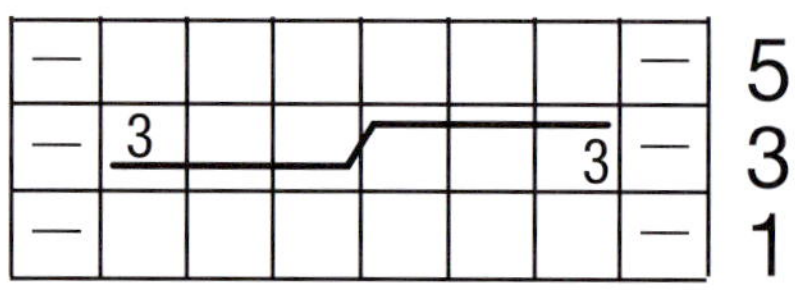

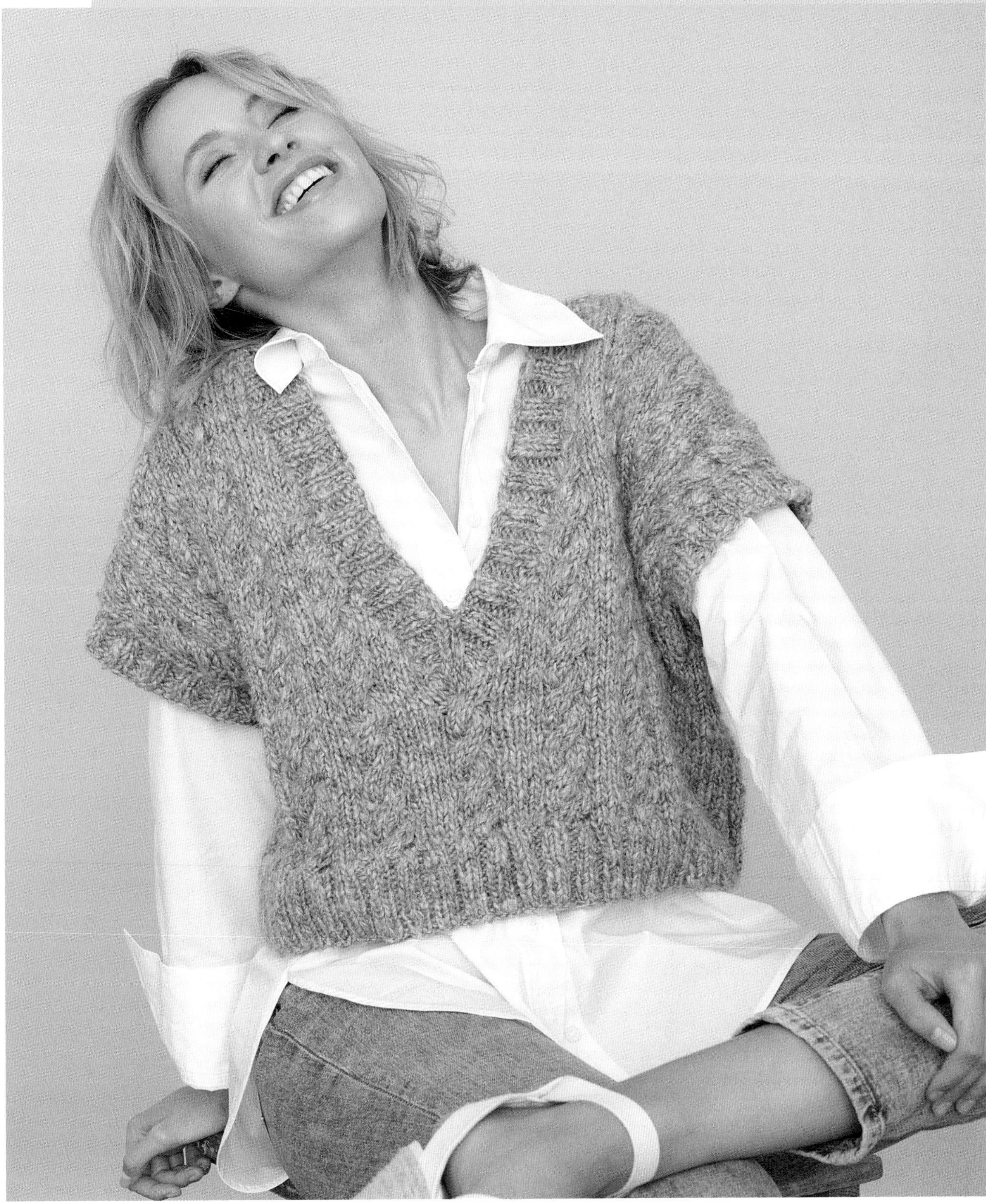

Pippa

Ein Hauch von Nichts in traumhaftem Pastell-Farbverlauf. Zweifädig gestricktes Halbpatent aus einem klassischen Schurwoll-Garn sowie einem hauchzarten Mohair-Seiden-Garn gestaltet das Stricken von Pippa abwechslungsreich.

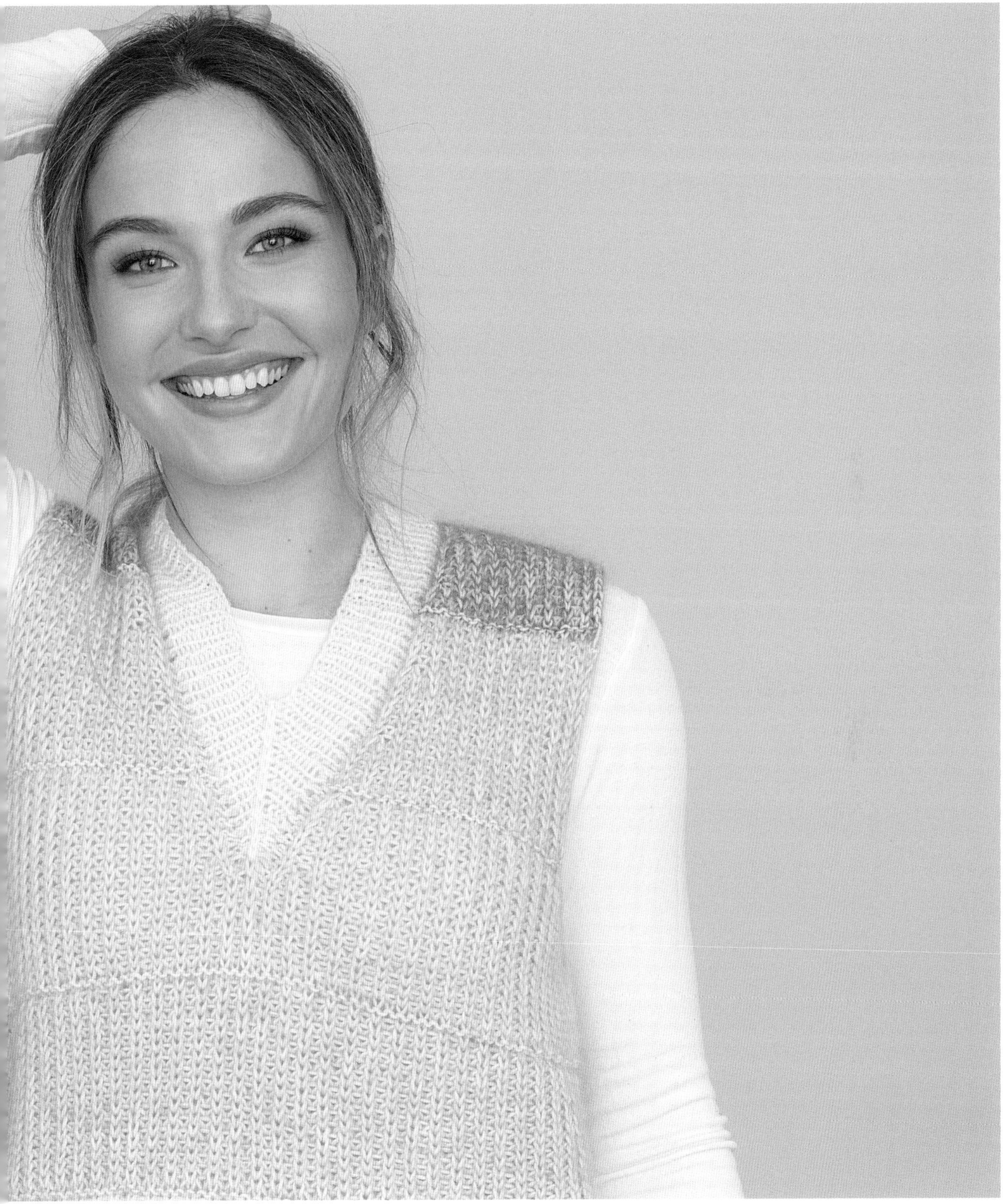

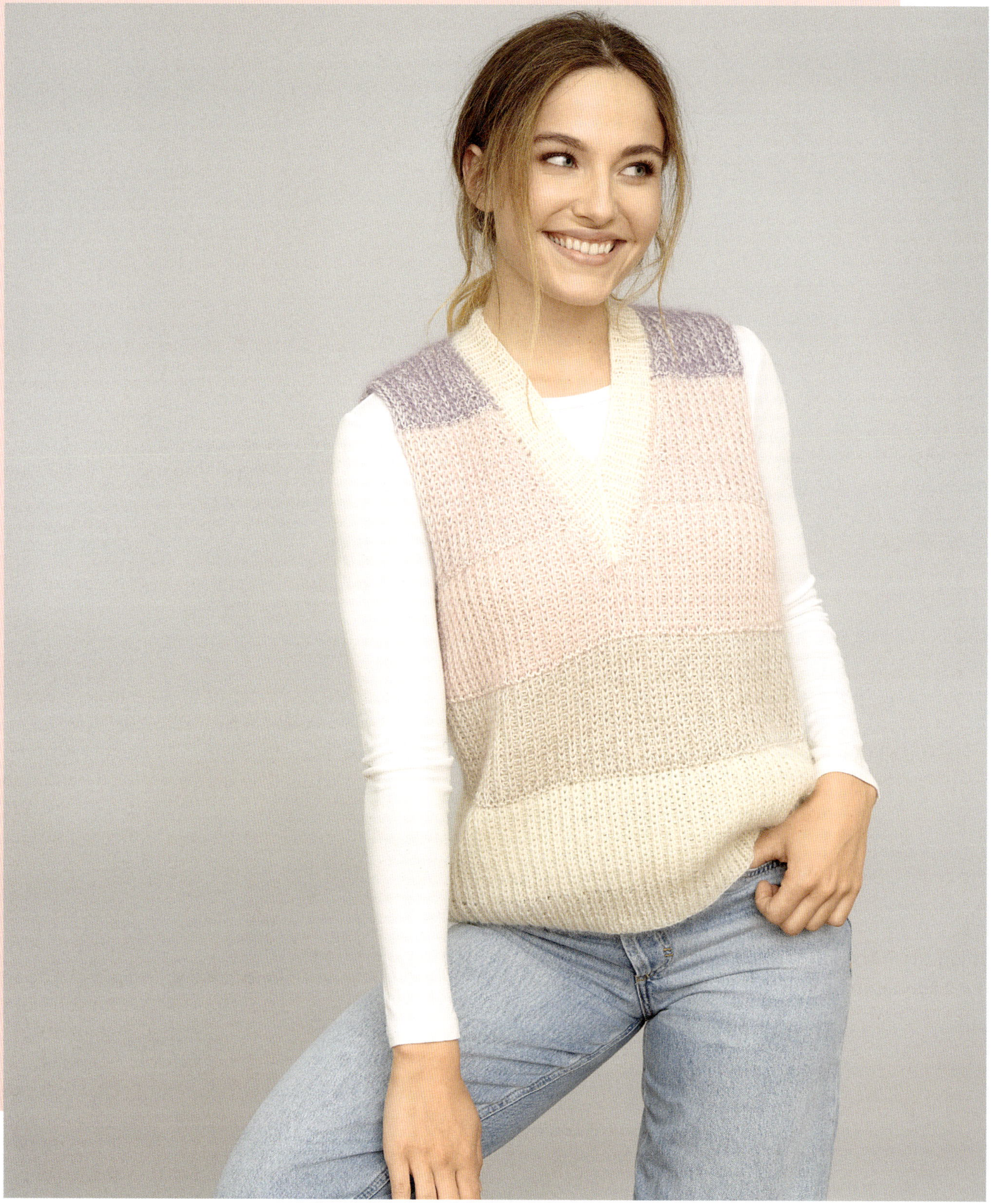

Pippa

GRÖSSE:

36/38, 40/42 und 44/46

Die Angaben für Größe 36/38 stehen vor der Klammer, die für Größe 40/42 und 44/46 hintereinander in den Klammern. Steht nur eine Angabe, gilt diese für alle Größen.

MATERIAL:

Sensitiva von Schulana (100% Schurwolle, 185 m/50 g) 100 (150/150) g Natur (Fb 1) und Kid-Seta von Schulana (70% Mohair, 30% Seide, 210 m/25 g) 50 g Natur (Fb 0), je 25 (50/50) g Hellgrau (Fb 1), Rosa (Fb 73), Flieder (Fb 115) und Lavendel (Fb 60) Stricknadeln 4,0 und 5,0 mm; 1 Rundstricknadel 4,0 mm (40 cm)

MUSTER UND TECHNIKEN:

Rippenmuster:

1 Masche rechts, 1 Masche links im Wechsel stricken.

Halbpatent in Reihen, Maschenzahl teilbar durch 2 + 1 + 2 Randmaschen:

1. Reihe = Hinreihe: 1 Randmasche, *1 Masche links, 1 Masche rechts, ab * stets wiederholen, 1 Masche links, 1 Randmasche.

2. Reihe = Rückreihe: 1 Randmasche, *1 Masche rechts, 1 Masche mit 1 Umschlag wie zum Linksstricken abheben, ab * stets wiederholen, 1 Masche rechts, 1 Randmasche.

3. Reihe: 1 Randmasche, *1 Masche links, 1 Masche mit dem Umschlag rechts zusammenstricken, ab * stets wiederholen, 1 Masche links, 1 Randmasche.

1 x 1.–3. Reihe arbeiten, dann die 2. und 3. Reihe stets wiederholen.

Kraus rechts:

In Hin- und Rückreihen rechte Maschen stricken.

Betonte Abnahmen über 2 Maschen (in Hinreihen):

Rechter Rand: 1 Randmasche, 1 Masche links, 3 Maschen rechts überzogen zusammenstricken (= 2 Maschen wie zum Rechtsstricken abheben, 1 Masche rechts stricken, dann die abgehobenen Maschen überziehen), restliche Maschen mustergemäß stricken.

Linker Rand: Bis zu den letzten 5 Maschen mustergemäß stricken, dann 3 Maschen rechts zusammenstricken, 1 Masche links, 1 Randmasche.

Muster- und Streifenfolge:

34 (36/38) Reihen Halbpatent zweifädig (= 1 Faden Sensitiva und 1 Faden Kid-Seta Natur), 2 Reihen kraus rechts und 34 (36/38) Reihen Halbpatent zweifädig (= 1 Faden Sensitiva und 1 Faden Kid-Seta Hellgrau), 2 Reihen kraus rechts und 34 (36/38) Reihen Halbpatent zweifädig (= 1 Faden Sensitiva und 1 Faden Kid-Seta Rosa), 2 Reihen kraus rechts und 34 (36/38) Reihen Halbpatent zweifädig (= 1 Faden Sensitiva und 1

Faden Kid-Seta Flieder), 2 Reihen kraus rechts und 34 (36/38) Reihen Halbpatent zweifädig (= 1 Faden Sensitiva und 1 Faden Kid-Seta Lila) = 178 (188/198) Reihen.

MASCHENPROBE:

Halbpatent: 16,5 Maschen und 37 Reihen = 10 cm x 10 cm.

HINWEIS:

Stets zweifädig arbeiten (= je 1 Faden pro Garn).

So wird's gemacht:

RÜCKENTEIL:

85 (91/99) Maschen mit Nadeln 4,0 mm zweifädig (= 1 Faden Sensitiva und 1 Faden Kid-Seta Natur) anschlagen und für den Bund 5 cm im Rippenmuster stricken, dabei in der 1. Reihe = Rückreihe nach der Randmasche mit 1 Masche rechts, 1 Masche links beginnen und gegengleich enden. Dann mit Nadeln 5,0 mm in der Muster- und Streifenfolge weiterarbeiten. In 29 (29,5/30) cm Gesamthöhe für die Armausschnitte beidseitig 1 x 2 Maschen und in jeder 4. Reihe 5 x je 2 Maschen betont abnehmen = 61 (67/75) Maschen. In 51 (53,5/56) cm Gesamthöhe für die Schulterschrägen beidseitig 1 x 3 (4/6) Maschen und in jeder 2. Reihe 4 x je 4 Maschen (2 x je 4 Maschen und 2 x je 5 Maschen/4 x je 5 Maschen) abketten. Gleichzeitig mit Beginn der Schulterschrägen für den Halsausschnitt die mittleren 15 Maschen abketten und beide Seiten getrennt beenden. Für die Ausschnittrundung am inneren Rand in jeder 2. Reihe 2 x je 2 Maschen betont abnehmen. Andere Seite gegengleich beenden.

VORDERTEIL:

Wie das Rückenteil stricken, jedoch für den V-Ausschnitt in 28,5 (31/33,5) cm Gesamthöhe die Arbeit nach der mittleren Masche teilen und beide Seiten getrennt beenden. Für die Ausschnittschräge am inneren Rand in der folgenden 2. Reihe 1 x 2 Maschen und in jeder 14. Reihe 5 x je 2 Maschen betont abnehmen. In 51 (53,5/56) cm Gesamthöhe für die Schulterschräge am äußeren Rand 1 x 3 (4/6) Maschen und in jeder 2. Reihe 4 x je 4 Maschen (2 x je 4 Maschen und 2 x je 5 Maschen/4 x je 5 Maschen) abketten. An-

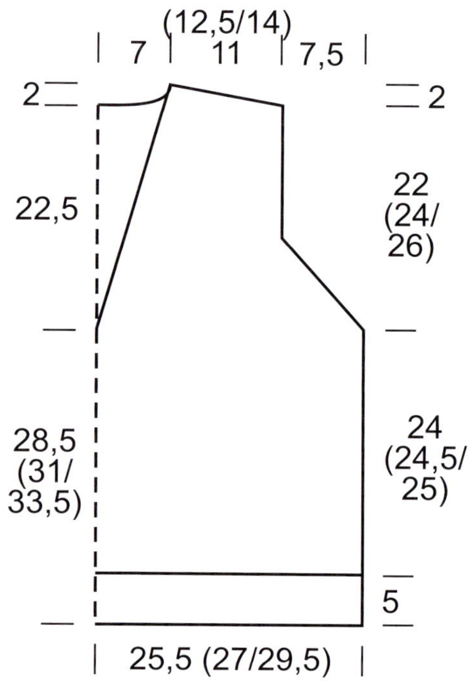

dere Seite gegengleich beenden, jedoch am inneren Rand 1 Randmasche zunehmen.

FERTIGSTELLEN:

Schulternähte schließen. Aus dem Halsausschnitt 126 Maschen mit der Rundstricknadel 4,0 mm zweifädig (= 1 Faden Sensitiva und 1 Faden Kid-Seta Natur) auffassen und 4 cm im Rippenmuster in Runden stricken, dabei die Maschen so einteilen, dass in der V-Ausschnittspitze 1 Masche rechts liegt. In jeder 2. Runde die 3 Maschen der V-Ausschnittspitze rechts überzogen zusammenstricken (= 2 Maschen gemeinsam wie zum Rechtstricken abheben, 1 Masche rechts stricken, dann die abgehobenen Maschen zusammen überziehen). Maschen abketten. Seitennähte schließen.

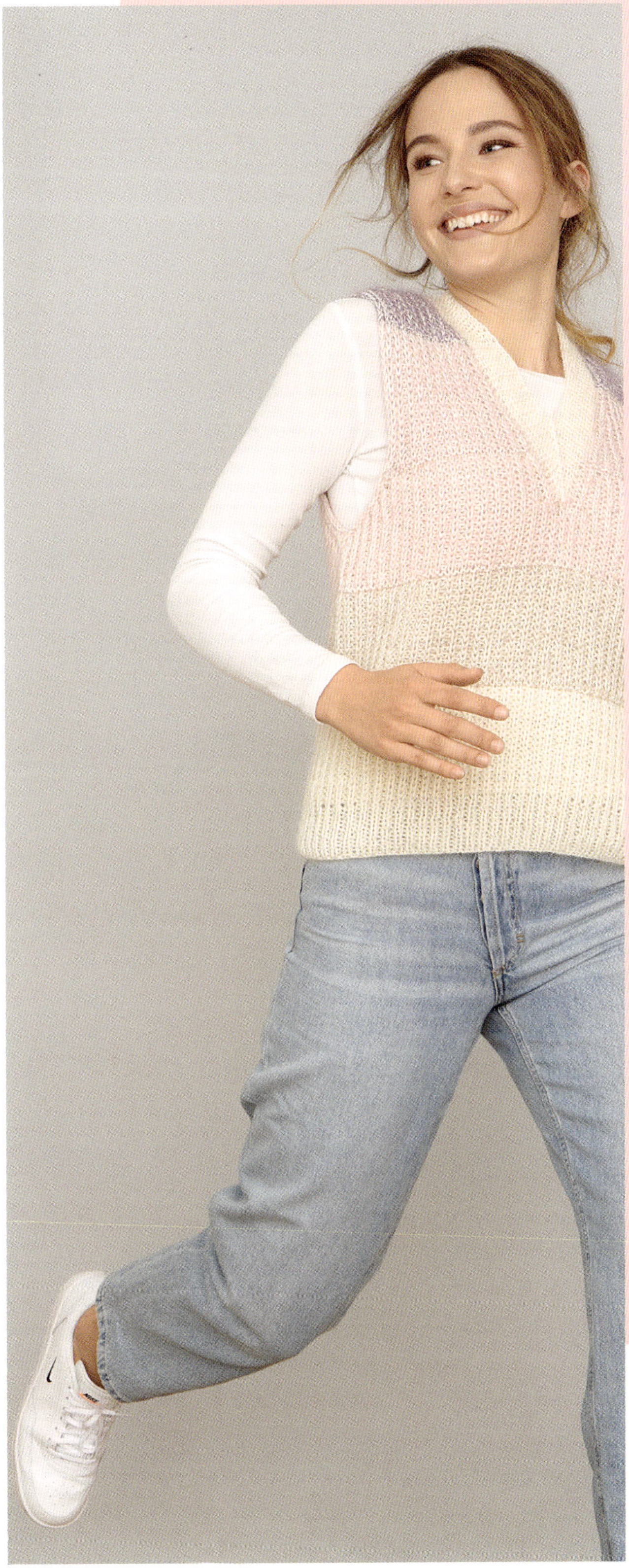

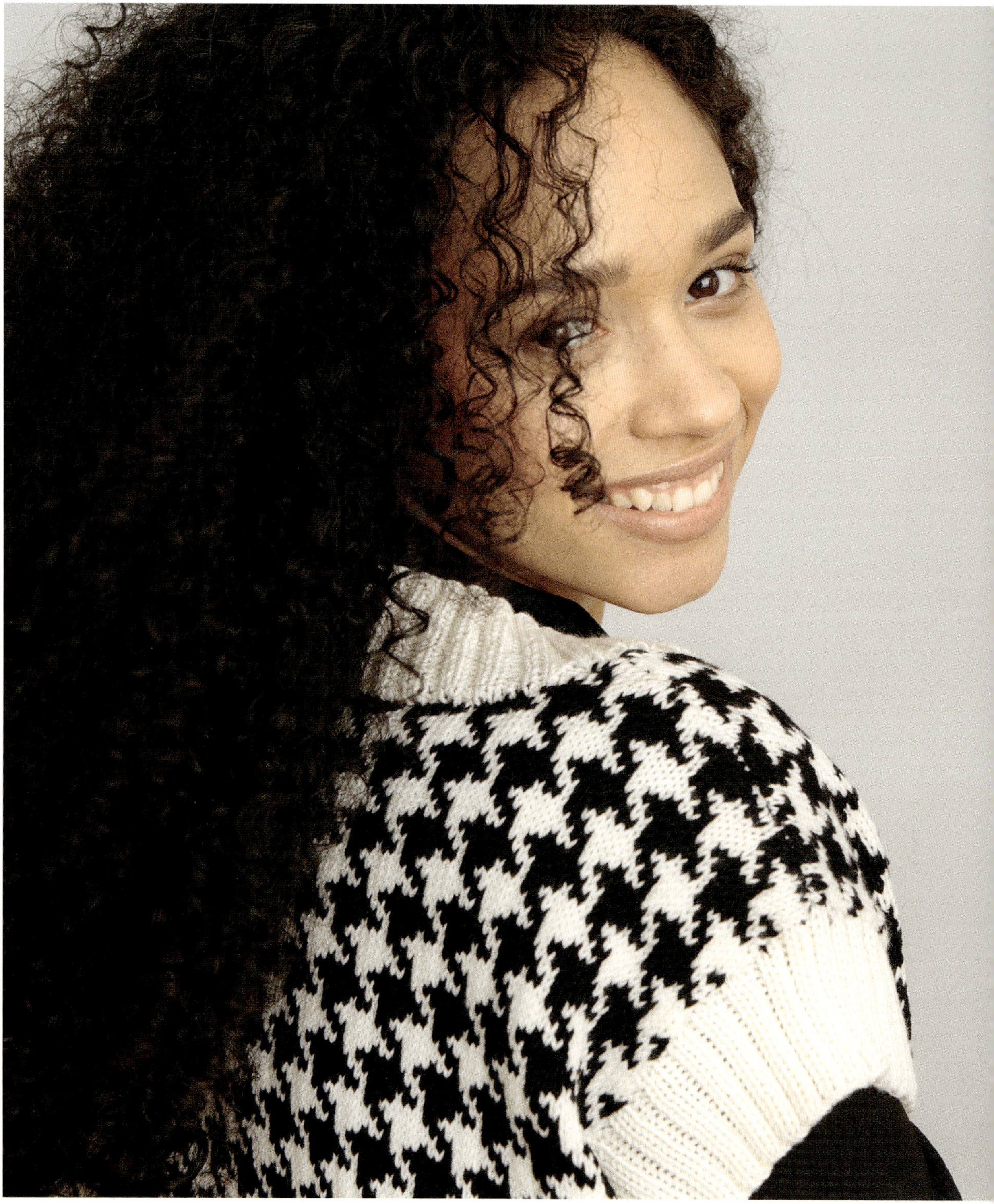

Coco

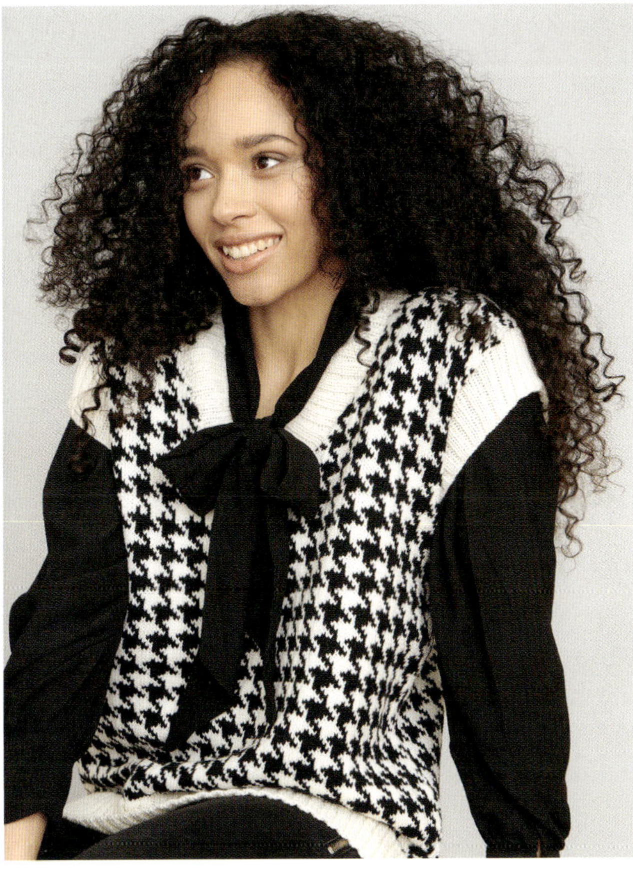

Black'n White: der Klassiker unter den Pullundern. Der moderne Schnitt holt das bekannte Muster in die heutige Zeit und hüllt seine Trägerin in Eleganz und Klasse! Mit schwarzer Bluse, Jeans und High Heels das perfekte After-Work-Dinner Outfit.

Coco

GRÖSSE:

36/38, 40/42 und 44/46

Die Angaben für Größe 36/38 stehen vor der Klammer, die für Größe 40/42 und 44/46 hintereinander in den Klammern. Steht nur eine Angabe, gilt diese für alle Größen.

MATERIAL:

Woll Butt Primo Madeleine 150 von Buttinette (100 % Schurwolle, 150 m/50 g) 300 (350/350) g Wollweiß (Fb 52.142.30) und 200 (250/250) g Schwarz (Fb 52.381.51)
Stricknadeln 3,5 mm; 1 Rundstricknadel 3,5 mm (40 cm)

MUSTER:

Rippenmuster:
2 Maschen rechts, 2 Maschen links im Wechsel stricken.

Glatt rechts:
In Hinreihen rechte Maschen und in Rückreihen linke Maschen stricken.

Jacquardmuster, Maschenzahl teilbar durch 8 + 2 Randmaschen:
Nach Zählmuster glatt rechts arbeiten. Der nicht in Arbeit befindliche Faden wird locker auf der Rückseite der Arbeit mitgeführt. Dabei darauf achten, dass die Fäden gleichmäßig gespannt sind. Es ist jede Reihe gezeichnet. Mit der Masche vor dem rechten Pfeil beginnen, den Rapport von 8 Maschen zwischen den Pfeilen stets wiederholen und mit der Masche nach dem linken Pfeil enden. Die 1.–8. Reihe stets wiederholen.

MASCHENPROBE:

Jacquardmuster: 28 Maschen und 28 Reihen
= 10 cm x 10 cm.

So wird's gemacht:

RÜCKENTEIL:

154 (162/170) Maschen mit Nadeln 3,5 mm in Wollweiß anschlagen und für den Bund 6,5 cm = 22 Reihen im Rippenmuster stricken, dabei in der 1. Reihe = Rückreihe nach der Randmasche mit 1 Masche rechts, 2 Maschen links, 2 Maschen rechts beginnen und gegengleich enden. Dann 1 Rückreihe linke Maschen stricken. Nun im Jacquardmuster weiterarbeiten. In 41,5 cm Gesamthöhe für die Armausschnitte beidseitig 1 x 4 Maschen, dann in jeder 2. Reihe 1 x 3 Maschen, 2 x je 2 Maschen, 3 x je 1 Masche und in jeder 4. Reihe 2 x je 1 Masche abketten = 122 (130/138) Maschen. In 59 (61/63) cm Gesamthöhe für die Schulterschrägen beidseitig 1 x 8 (7/10) Maschen und in jeder 2. Reihe 3 x je 7 (8/9) Maschen abketten. Gleichzeitig mit Beginn der Schulterschrägen für

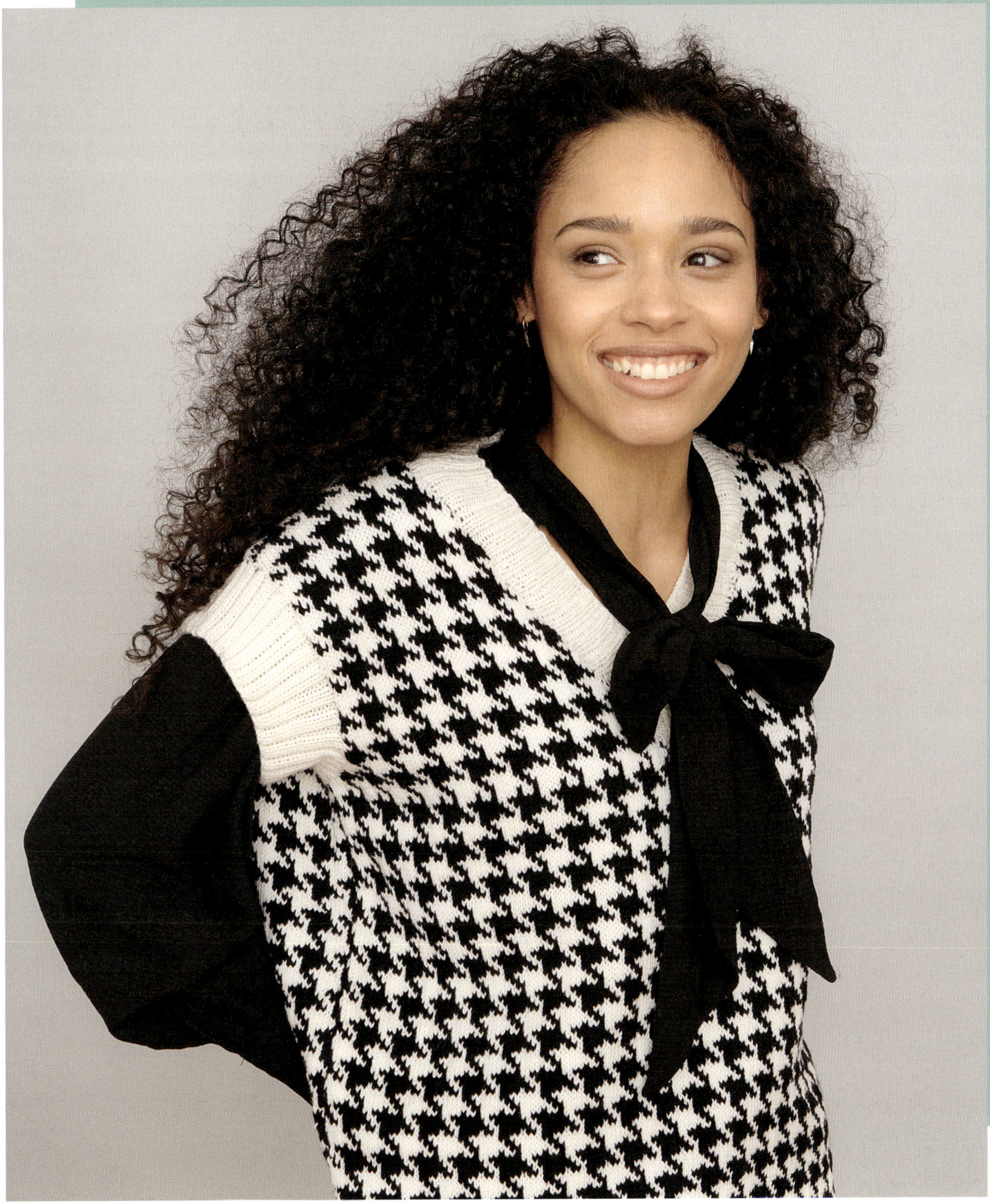

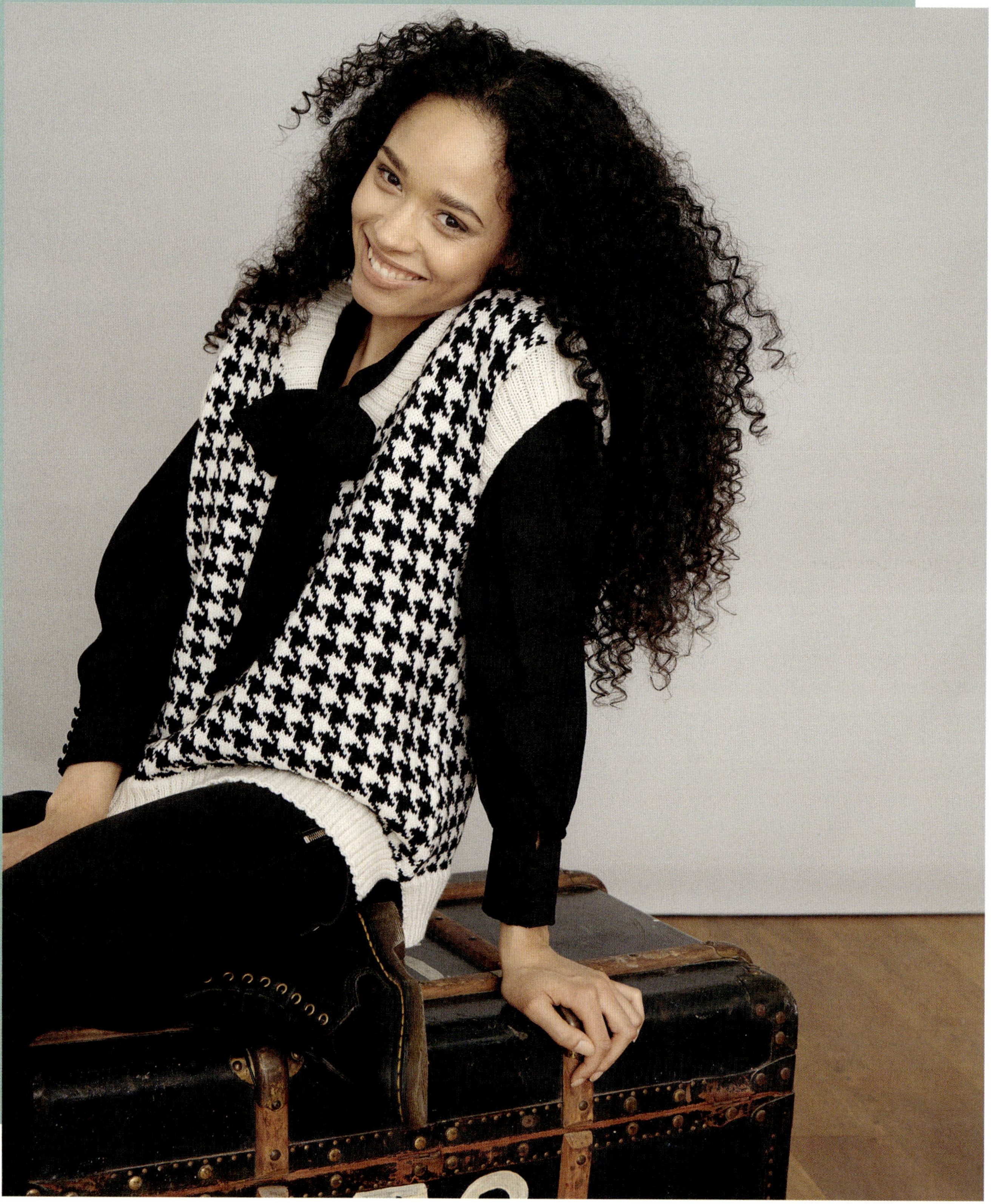

den Halsausschnitt die mittleren 58 Maschen abketten und beide Seiten getrennt beenden. Für die Ausschnittrundung am inneren Rand in jeder 2. Reihe 1 x 2 Maschen und 1 x 1 Masche abketten. Andere Seite gegengleich beenden.

VORDERTEIL:

Wie das Rückenteil stricken, jedoch für den V-Ausschnitt in 39 (41/43) cm Gesamthöhe die Arbeit in der Mitte teilen und beide Seiten getrennt beenden. Für die Ausschnittschräge am inneren Rand in jeder 2. Reihe 32 x je 1 Masche abketten. Andere Seite gegengleich beenden.

FERTIGSTELLEN:

Die Schulternähte schließen. Aus dem Halsausschnitt 196 Maschen mit der Rundstricknadel 3,5 mm in Wollweiß auffassen und 5 cm im Rippenmuster in Runden stricken, dabei die Maschen so einteilen, dass in der V-Ausschnittspitze 2 Maschen rechts liegen. In jeder Runde die 4 Maschen der V-Ausschnittspitze wie folgt arbeiten: 2 Maschen rechts zusammenstricken, 2 Maschen rechts überzogen zusammenstricken (= 1 Masche wie zum Rechtstricken abheben, 1 Masche rechts stricken, dann die abgehobene Masche überziehen). Maschen abketten. Seitennähte schließen, dabei für den Schlitz die unteren 6,5 cm offenlassen. Aus den Armausschnitten je 120 (128/140) Maschen mit der Rundstricknadel 3,5 mm in Wollweiß auffassen und 5 cm im Rippenmuster in Runden stricken. Maschen abketten.

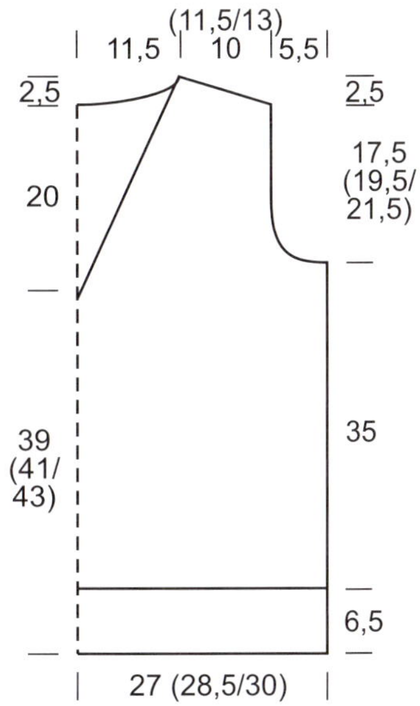

Zählmuster:

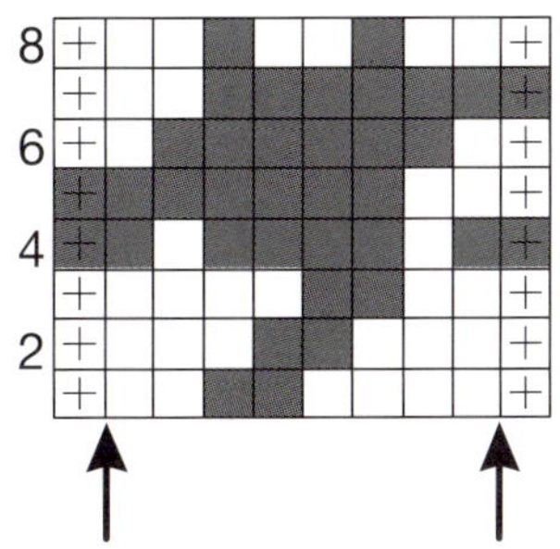

Zeichenerklärung:

⊞ = Randmasche

☐ = Wollweiß

■ = Schwarz

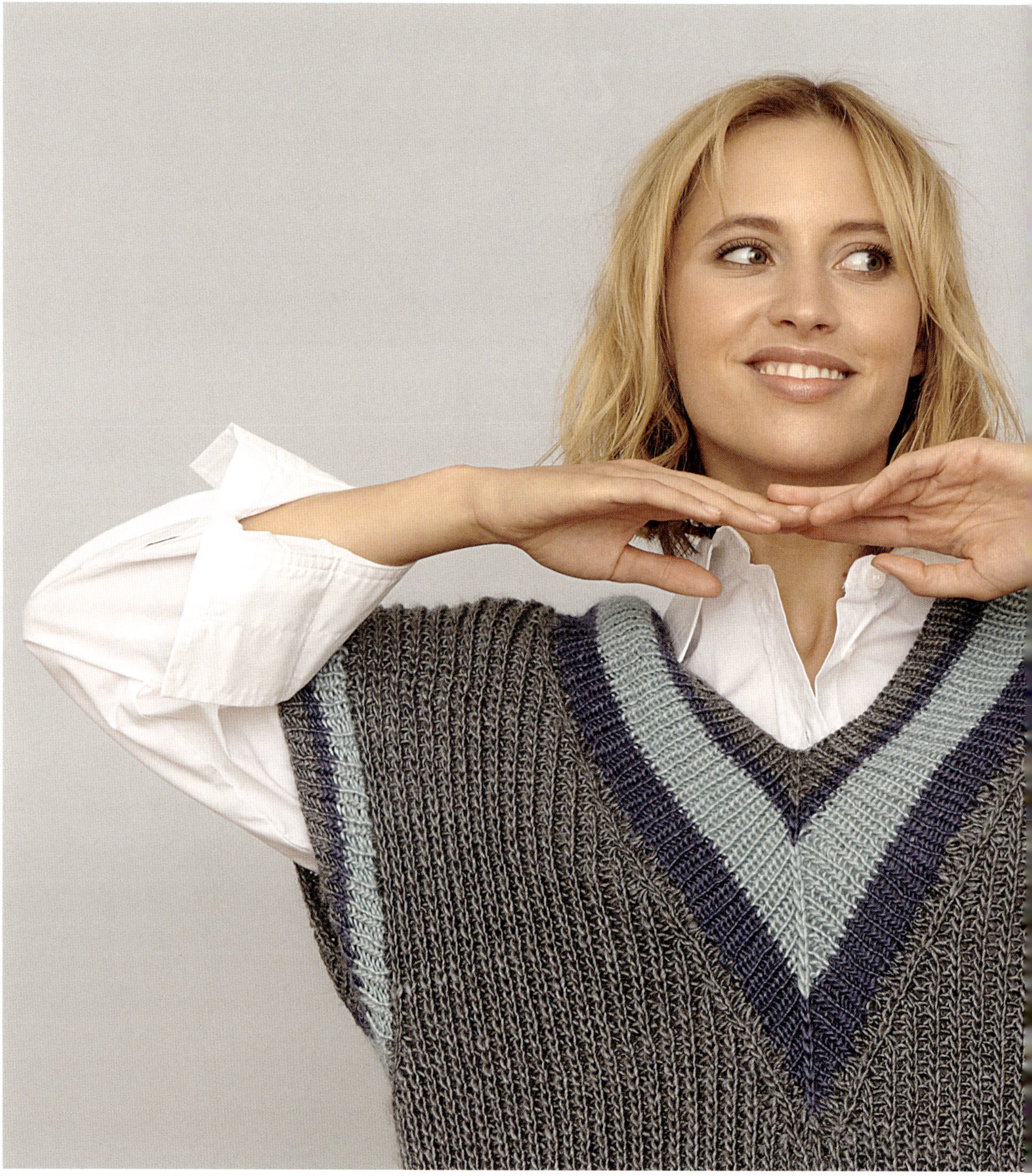

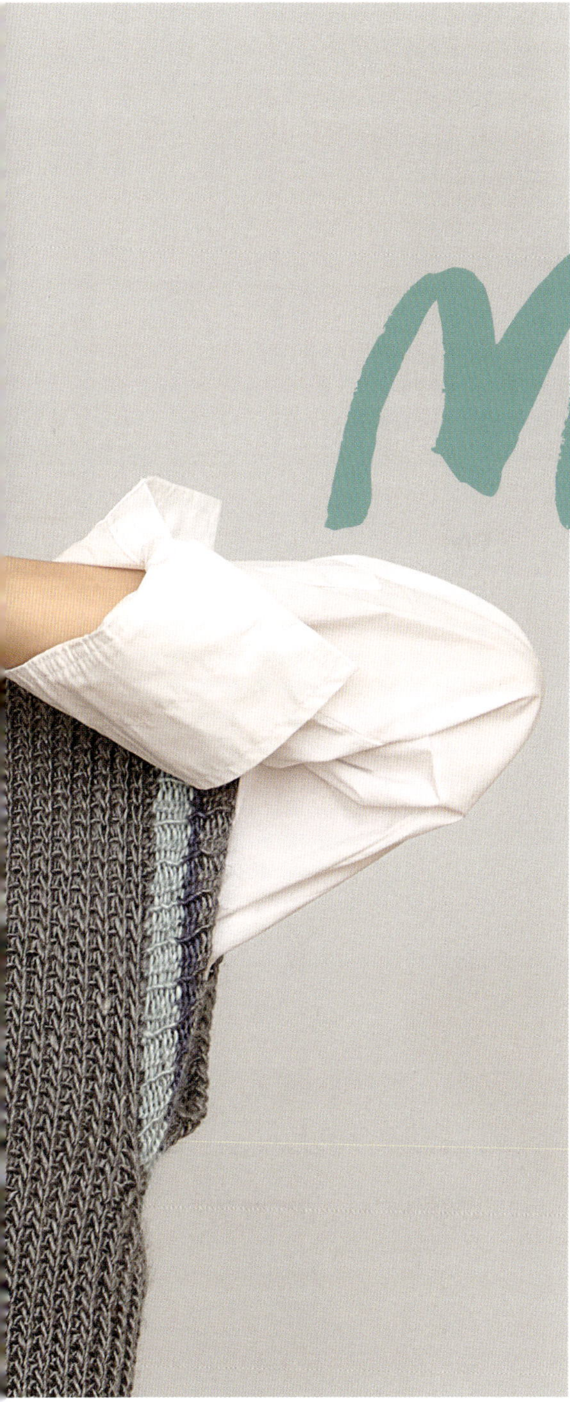

Manon

Das Wohlfühl-Projekt. Aus Schurwoll-Seidengarn entsteht – gestrickt im klassischen Halbpatent – dieser weiche Pullunder. Der tiefe V-Ausschnitt eignet sich für herausblitzende Blusenkragen. Kurz vor Kleid-Länge lässt sich Manon vielseitig kombinieren.

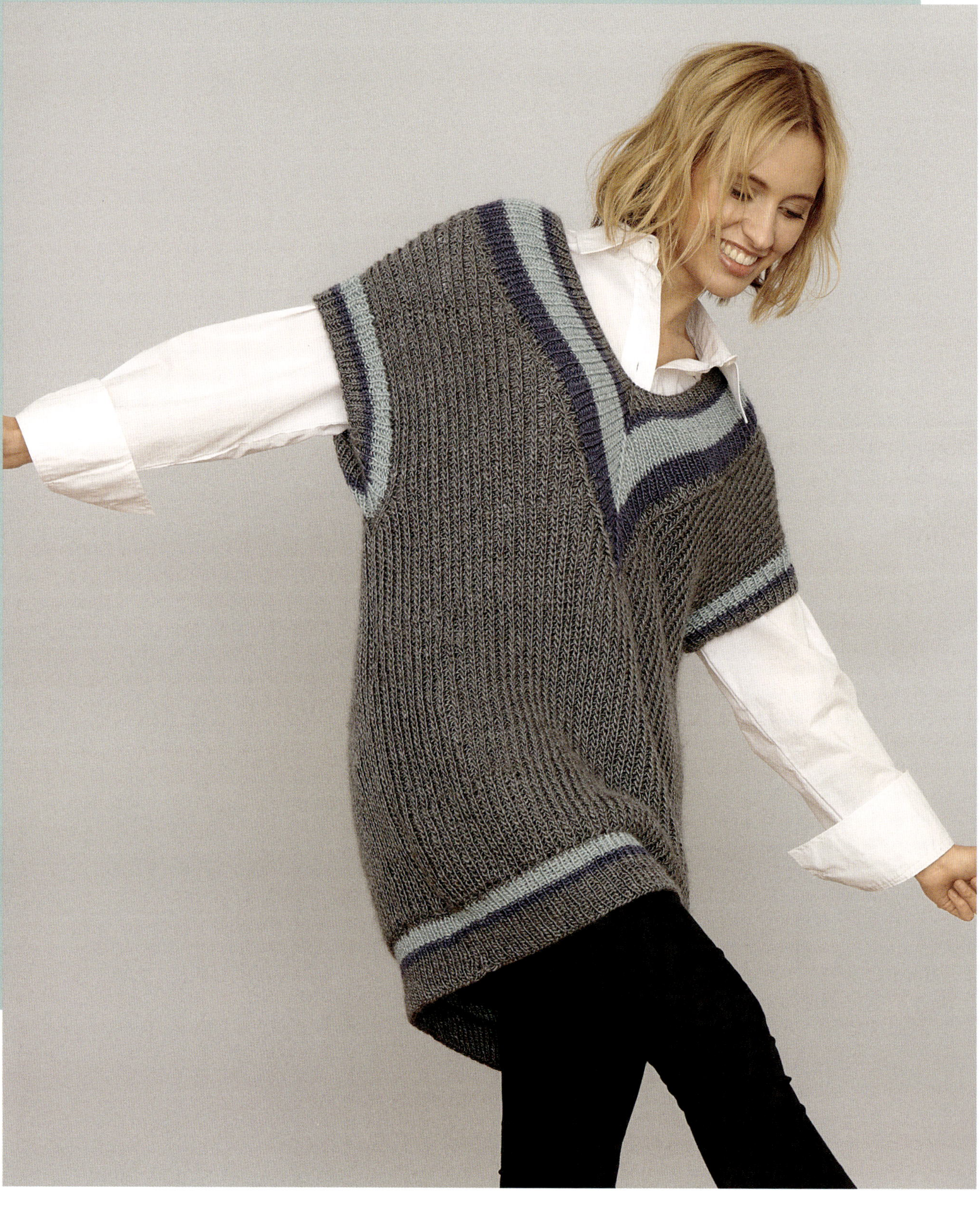

Manon

GRÖSSE:

36/38, 40/42 und 44/46
Die Angaben für Größe 36/38 stehen vor der Klammer, die für Größe 40/42 und 44/46 hintereinander in den Klammern. Steht nur eine Angabe, gilt diese für alle Größen.

MATERIAL:

Seta mit Merino von Austermann (50% Schurwolle, 50% Seide, 135 m/50 g) 450 (500/500) g Grau (Fb 10) und je 50 (100/100) g Salbei (Fb 09) und Blau (Fb 04) Stricknadeln 4,0 und 5,0 mm; 1 Rundstricknadel 4,0 mm (40 cm)

MUSTER UND TECHNIKEN:

Rippenmuster:
1 Masche rechts, 1 Masche links im Wechsel stricken.

Halbpatent, Maschenzahl teilbar durch 2 + 1 + 2 Randmaschen:
1. Reihe = Rückreihe: 1 Randmasche, *1 Masche rechts, 1 Masche mit 1 Umschlag wie zum Linksstricken abheben, ab * stets wiederholen, 1 Masche rechts, 1 Randmasche.
2. Reihe = Hinreihe: 1 Randmasche, *1 Masche links, 1 Masche mit dem Umschlag rechts zusammenstricken, ab * stets wiederholen, 1 Masche links, 1 Randmasche.
Die 1. und 2. Reihe stets wiederholen.

Betonte Abnahmen über 2 Maschen (in Hinreihen):
Rechter Rand: 1 Randmasche, 1 Masche links, 3 Maschen rechts überzogen zusammenstricken (= 2 Maschen wie zum Rechtsstricken abheben, 1 Masche rechts stricken, dann die abgehobenen Maschen überziehen), restliche Maschen mustergemäß stricken.
Linker Rand: Bis zu den letzten 5 Maschen mustergemäß stricken, dann 3 Maschen rechts zusammenstricken, 1 Masche links, 1 Randmasche.

STREIFENFOLGEN:

Streifenfolge A (Bund): 13 Reihen Grau, 3 Reihen Blau, 6 Reihen Salbei.
Streifenfolge B (Halsblende): 9 Runden Blau, 11 Runden Salbei, 3 Runden Blau, 6 Runden Grau.
Streifenfolge C (Armausschnittblende): 6 Runden Salbei, 3 Runden Blau, 6 Runden Grau.

MASCHENPROBE:

Halbpatent: 21 Maschen und 34 Reihen = 10 cm x 10 cm.

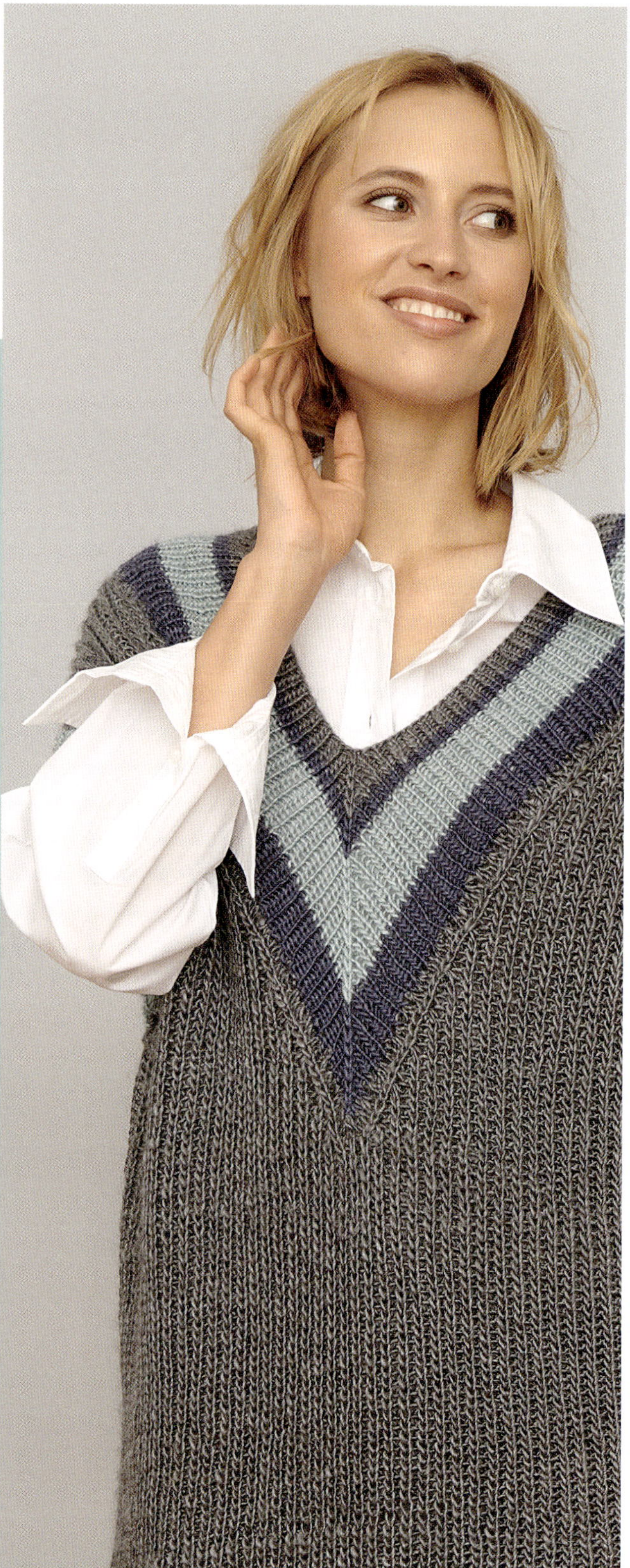

So wird's gemacht:

RÜCKENTEIL:

109 (117/123) Maschen mit Nadeln 4,0 mm in Grau anschlagen und für den Bund 8 cm im Rippenmuster in der Streifenfolge A stricken, dabei in der 1. Reihe = 1 Rückreihe nach der Randmasche mit 1 Masche rechts, 1 Masche links beginnen und gegengleich enden. Dann mit Nadeln 5,0 mm in Grau im Halbpatent weiterarbeiten. In 47 cm Gesamthöhe für die Armausschnitte beidseitig 1 x 2 Maschen und in jeder 4. Reihe 2 x je 2 Maschen betont abnehmen = 97 (105/111) Maschen. In 65,5 (67,5/69,5) cm Gesamthöhe für den Halsausschnitt die mittleren 49 Maschen abketten und beide Seiten getrennt beenden. Für die Ausschnittrundung am inneren Rand in jeder 2. Reihe 2 x je 2 Maschen und in der folgenden 4. Reihe 1 x 2 Maschen betont abnehmen. Gleichzeitig in 67,5 (69,5/71,5) cm Gesamthöhe für die Schulterschräge am äußeren Rand 1 x 3 (3/5) Maschen und in jeder 2. Reihe 5 x je 3 Maschen (1 x 3 Maschen und 4 x je 4 Maschen/5 x je 4 Maschen) abketten. Andere Seite gegengleich beenden.

VORDERTEIL:

Wie das Rückenteil stricken, jedoch für den V-Ausschnitt in 37,5 (39,5/41,5) cm Gesamthöhe die Arbeit nach der mittleren Masche teilen und beide Seiten getrennt beenden. Für die Ausschnittschräge am inneren Rand in jeder 6. Reihe 13 x je 2 Maschen und in jeder 8. Reihe 2 x je 2 Maschen betont abnehmen. Gleichzeitig in 67,5 (69,5/71,5) cm Gesamthöhe für die Schulterschräge am äußeren Rand 1 x 4 (3/6) Maschen und in jeder 2. Reihe 5 x je 3 Maschen (5 x je 4 Maschen/5 x je 4 Maschen) abketten. Andere Seite gegengleich beenden, dabei am inneren Rand 1 Randmasche zunehmen.

FERTIGSTELLEN:

Die Schulternähte schließen. Aus dem Halsausschnitt 194 Maschen mit der Rundstricknadel 4,0 mm in Blau auffassen und 10 cm im Rippenmuster in der Streifenfolge B in Runden stricken, dabei die Maschen so einteilen, dass in der Ausschnittspitze 1 Masche rechts liegt. In jeder Runde die 3 Maschen der V-Ausschnittspitze rechts überzogen zusammenstricken (= 2 Maschen gemeinsam wie zum Rechtstricken abheben, 1 Masche rechts stricken, dann die abgehobenen Maschen zusammen überziehen). Maschen abketten. Seitennähte schließen. Aus den Armausschnitten je 84 (92/100) Maschen mit der Rundstricknadel 4,0 mm in Salbei auffassen und 5,5 cm im Rippenmuster in der Streifenfolge C in Runden stricken. Maschen abketten.

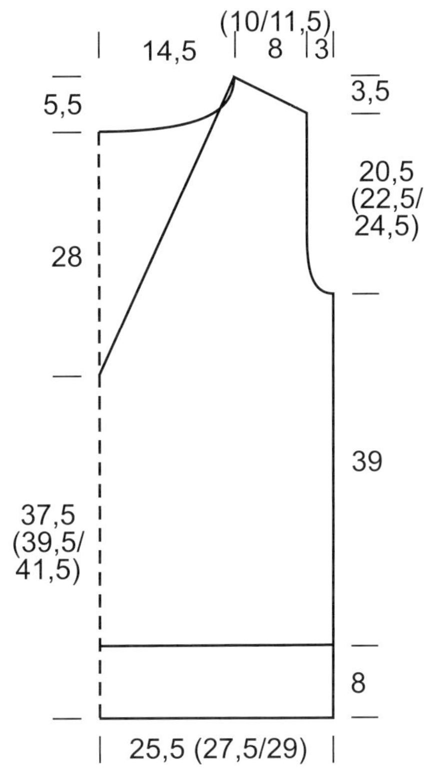

Audrey

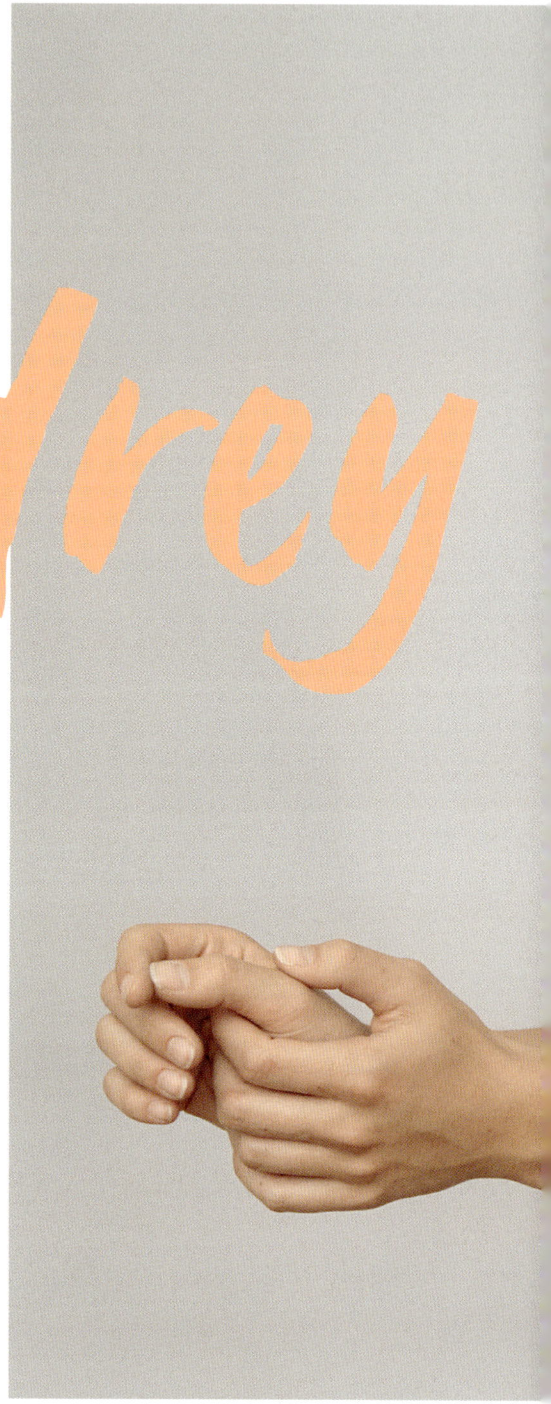

Dieses schöne Modell gibt mit seinen tiefen Armausschnitten interessante Einblicke. Audrey ist besonders einfach und schnell zu stricken, was sie zu einem Liebling für Anfänger macht!

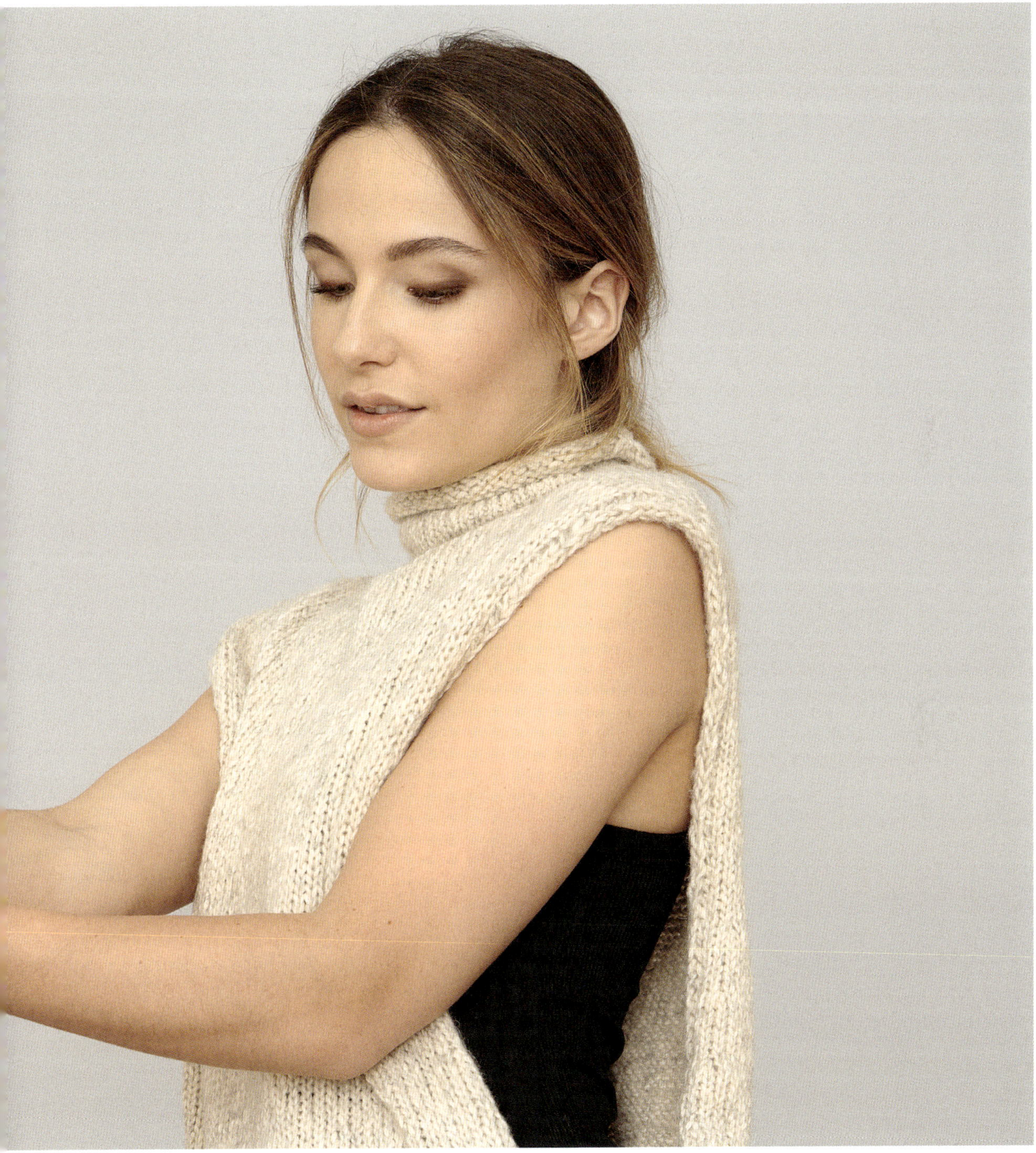

Audrey

GRÖSSE:

36/38, 40/42 und 44/46

Die Angaben für Größe 36/38 stehen vor der Klammer, die für Größe 40/42 und 44/46 hintereinander in den Klammern. Steht nur eine Angabe, gilt diese für alle Größen.

MATERIAL:

Flake Dance von Austermann (66 % Baumwolle, 21 % Polyacryl, 5% Schurwolle, 5% Polyamid, 3% Alpaka, 100 m/50 g) 400 (400/450) g Natur (Fb 01)
Stricknadeln 6,0 mm; je 1 Rundstricknadel 6,0 mm (40 cm, 60 cm)

MUSTER UND TECHNIKEN:

Glatt rechts:

In Hinreihen rechte Maschen und in Rückreihen linke Maschen stricken; in Runden immer rechte Maschen stricken.

Betonte Abnahmen (in Hinreihen):

Rechter Rand: 1 Randmasche, 1 Masche glatt rechts, 2 Maschen rechts überzogen zusammenstricken (= 1 Masche wie zum Rechtsstricken abheben, 1 Masche rechts stricken, dann die abgehobene Masche überziehen), restliche Maschen mustergemäß stricken.
Linker Rand: Bis zu den letzten 4 Maschen mustergemäß stricken, dann 2 Maschen rechts zusammenstricken, 1 Masche glatt rechts, 1 Randmasche.

MASCHENPROBE:

Glatt rechts: 15 Maschen und 21 Reihen = 10 cm x 10 cm

So wird's gemacht:

RÜCKENTEIL:

86 (92/98) Maschen mit Nadeln 6,0 mm anschlagen und glatt rechts stricken, dabei mit 1 Rückreihe beginnen. Zur Formgebung beidseitig in der folgenden 8. Reihe 1 x 1 Masche und in jeder 10. Reihe 10 x je 1 Masche (in jeder 10. Reihe 11 x je 1 Masche/in jeder 10. Reihe 8 x je 1 Masche und in jeder 12. Reihe 3 x je 1 Masche) betont abnehmen = 64 (70/76) Maschen. In 56,5 (58,5/60,5) cm Gesamthöhe für die Schulterschrägen beidseitig 1 x 3 (4/4) Maschen und in jeder 2. Reihe 1 x je 3 Maschen und 2 x je 4 Maschen (4 x je 4 Maschen/1 x 4 Maschen und 3 x je 5 Maschen) abketten = 30 Maschen. In 60 (62/64) cm Gesamthöhe die restlichen 30 Maschen stilllegen.

VORDERTEIL:

Wie das Rückenteil stricken.

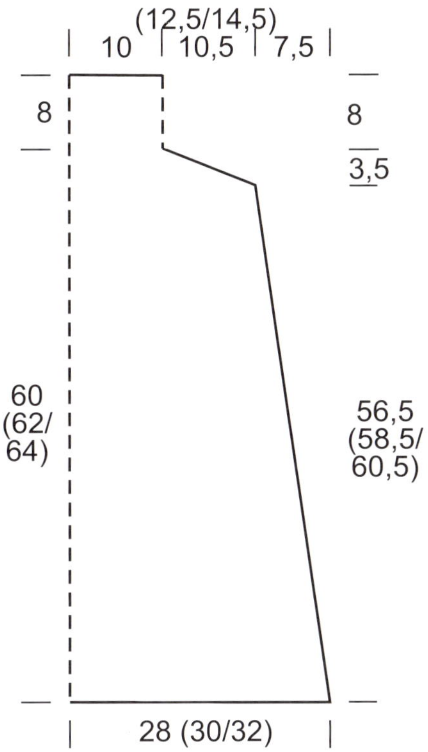

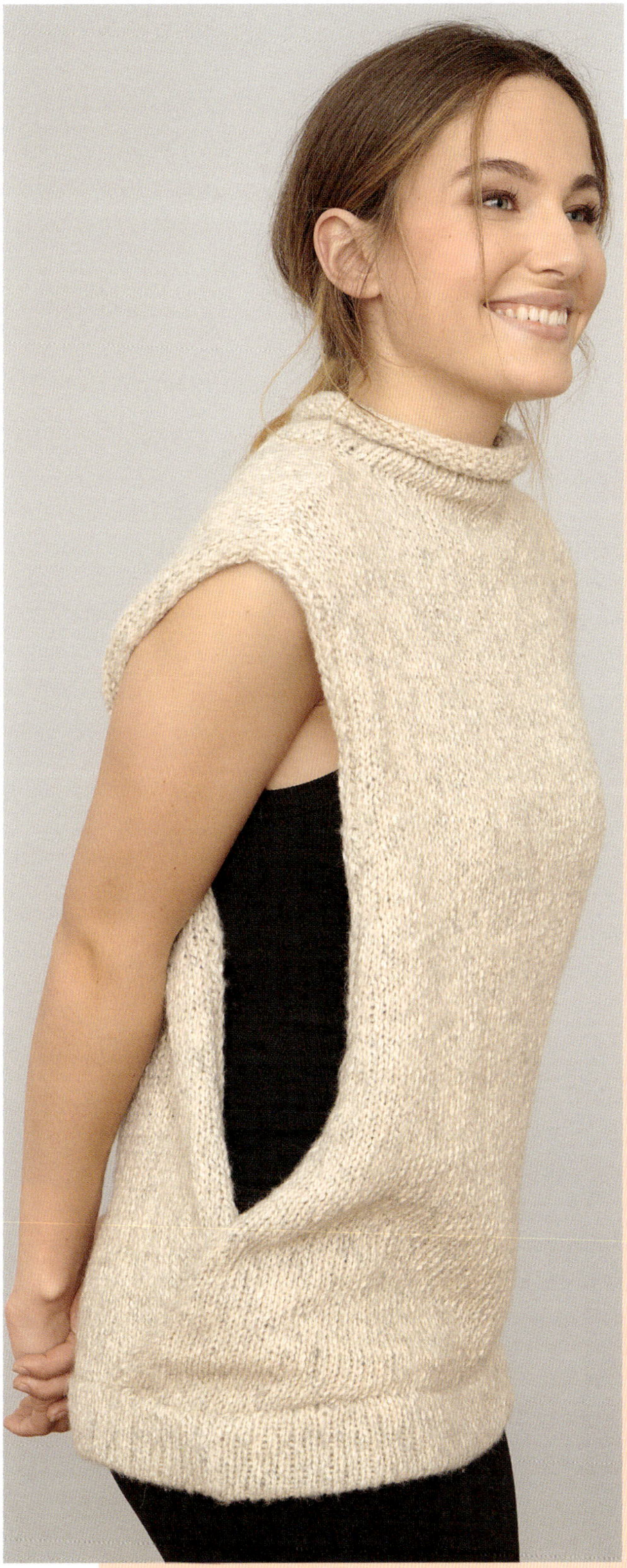

FERTIGSTELLEN:

Die Schulternähte schließen. Über die stillgelegten je 30 Maschen des vorderen und rückwärtigen Halsausschnitts = 60 Maschen mit der kurzen Rundstricknadel 6,0 mm noch 8 cm glatt rechts in Runden stricken. Maschen abketten. Aus den seitlichen Rändern 158 (162/170) Maschen mit der langen Rundstricknadel 6,0 mm auffassen und die Maschen als I-Cord wie folgt abketten: 3 Maschen aufschlingen, *2 Maschen rechts stricken, dann 2 Maschen rechts zusammenstricken, die Arbeit nicht wenden, sondern die Maschen wieder auf die linke Nadel legen, ab * stets wiederholen, bis alle Maschen abgekettet sind = 3 Maschen. Die restlichen 3 Maschen abketten. Die seitlichen unteren Pullunder-Ränder je 8 cm übereinanderlegen und fixieren; es überlappen sich insgesamt beidseitig je 16 cm. Für den Bund aus dem unteren Rand des Pullunders 128 (138/148) Maschen mit der Rundstricknadel 6,0 mm auffassen und 10 cm glatt rechts in Runden stricken. Maschen abketten. Den Bund zur Hälfte nach innen umschlagen und annähen.

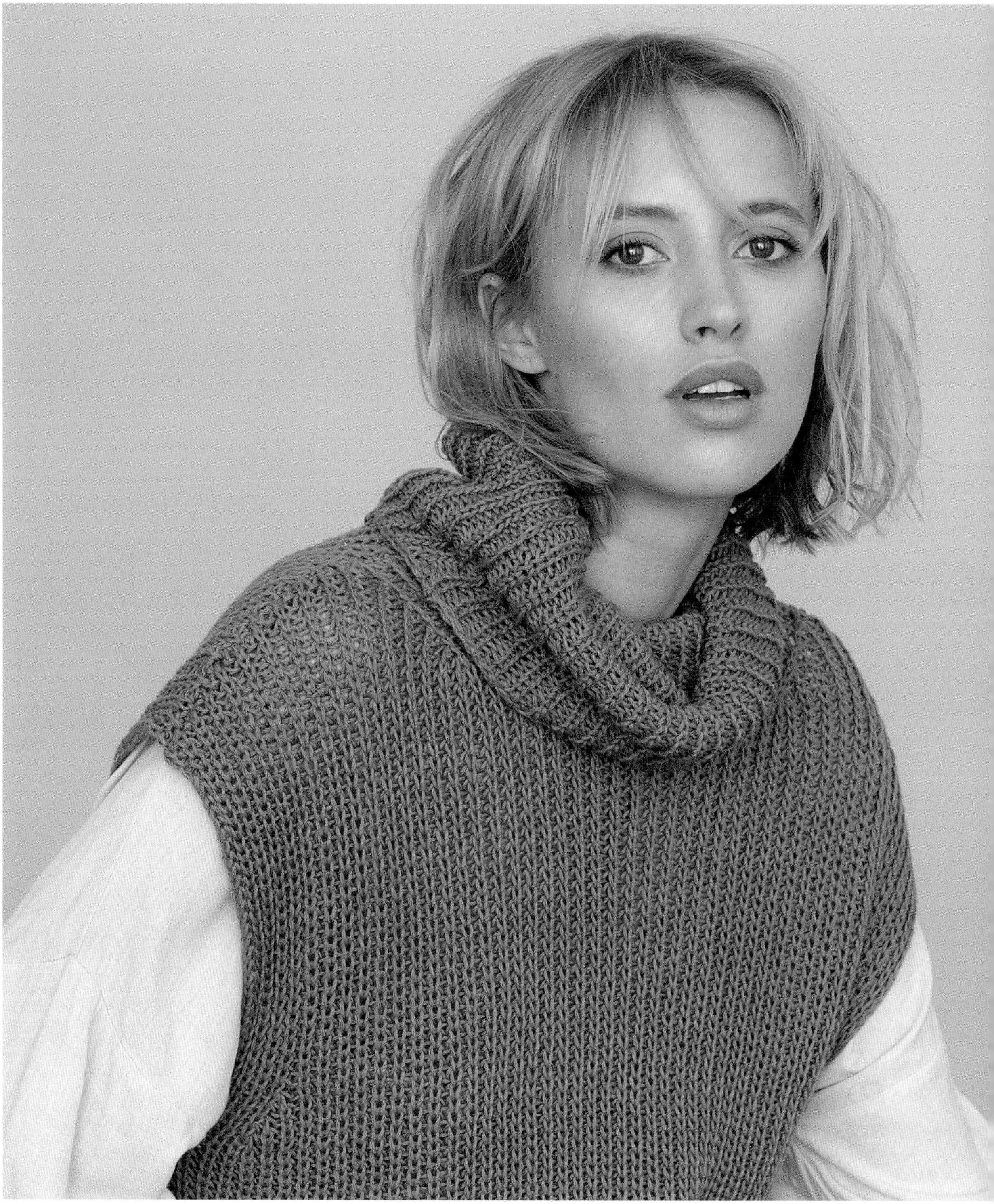

Gaia

Lässig und weich, ein längeres Rückenteil, seitliche Schlitze und ein Kragen: Dieser Slipover wird mit Baumwoll-Kaschmir-Garn gestrickt und ist ein absoluter Favorit in jedem Kleiderschrank!

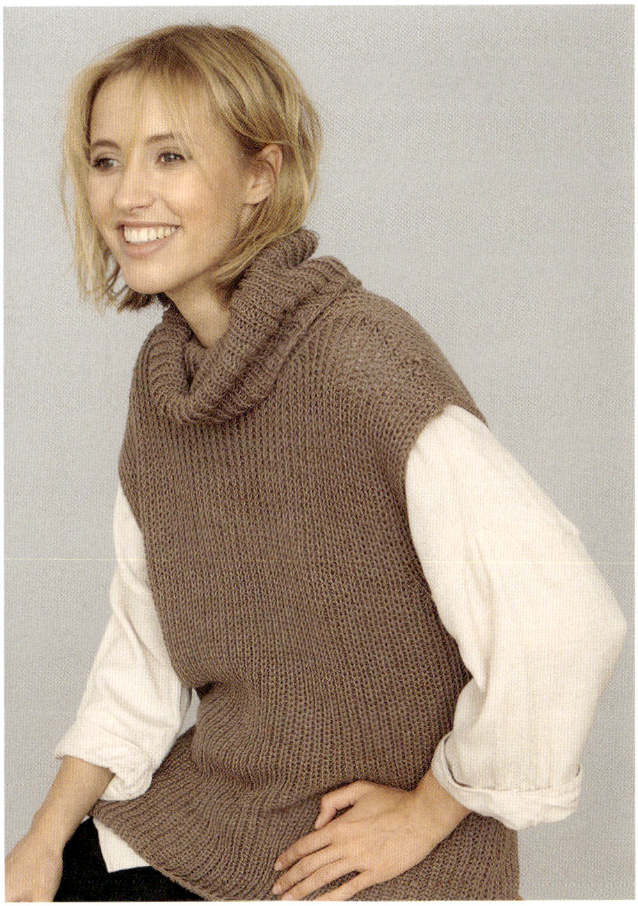

GRÖSSE:

36/38, 40/42 und 44/46
Die Angaben für Größe 36/38 stehen vor der Klammer, die Angaben für Größe 40/42 und 44/46 hintereinander in den Klammern. Steht nur eine Angabe, gilt diese für alle Größen.

MATERIAL:

Woll Butt Primo Kaschmirina von Buttinette (85% Baumwolle, 15 % Kaschmir, 125 m/50 g) 500(550/550) g Taupe (Fb 52.142.17) Stricknadeln 3,5 mm; 1 Rundstricknadel 3,5 mm (40 cm)

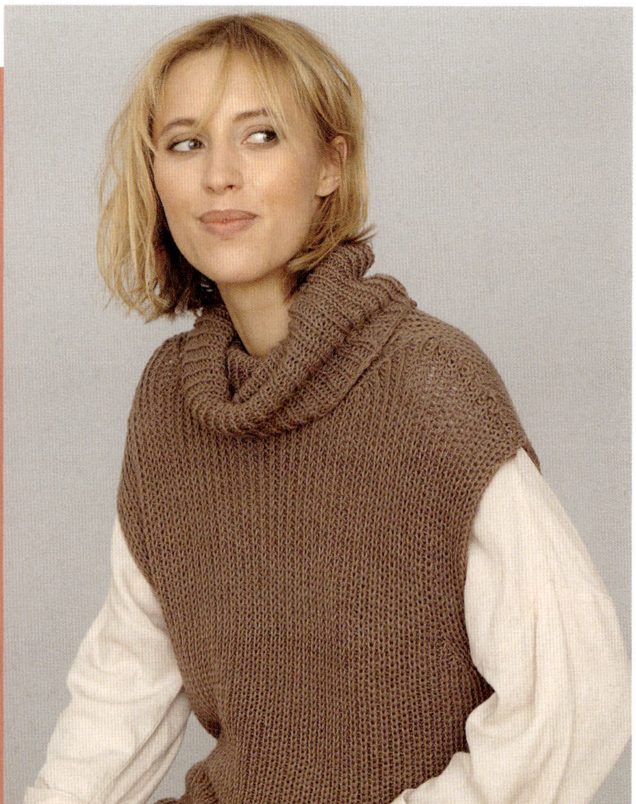

MUSTER UND TECHNIKEN:

Halbpatent in Reihen, Maschenzahl teilbar durch 2 + 1 + 2 Randmaschen:
1. Reihe = Rückreihe: 1 Randmasche, *1 Masche rechts, 1 Masche mit 1 Umschlag wie zum Linksstricken abheben, ab * stets wiederholen, 1 Masche rechts, 1 Randmasche.
2. Reihe = Hinreihe: 1 Randmasche, *1 Masche links, 1 Masche mit dem Umschlag rechts zusammenstricken, ab * stets wiederholen, 1 Masche links, 1 Randmasche.
Die 1. und 2. Reihe stets wiederholen.

Halbpatent in Runden, Maschenzahl teilbar durch 2:
1. Runde: *1 Masche links, 1 Masche mit 1 Umschlag wie zum Linksstricken abheben, ab * stets wiederholen.
2. Runde: *1 Masche links, 1 Masche mit dem Umschlag rechts zusammenstricken, ab * stets wiederholen.
Die 1. und 2. Runde stets wiederholen.

Betonte Zunahmen über 2 Maschen (in Hinreihen):
Rechter Rand: 1 Randmasche, 7 Maschen Halbpatent, 3 Maschen aus 1 Masche herausstricken (= 1 Masche rechts, 1 Masche links, 1 Masche rechts), restliche Maschen mustergemäß stricken.
Linker Rand: Bis zu den letzten 9 Maschen mustergemäß stricken, dann 3 Maschen aus 1 Masche herausstricken, 7 Maschen Halbpatent, 1 Randmasche.

Betonte Abnahmen über 2 Maschen (in Hinreihen):
Rechter Rand: 1 Randmasche, 7 Maschen Halbpatent, 3 Maschen rechts überzogen zusammenstricken (= 2 Maschen wie zum Rechtsstricken abheben, 1 Masche rechts stricken, dann die abgehobenen Maschen überziehen), restliche Maschen mustergemäß stricken.

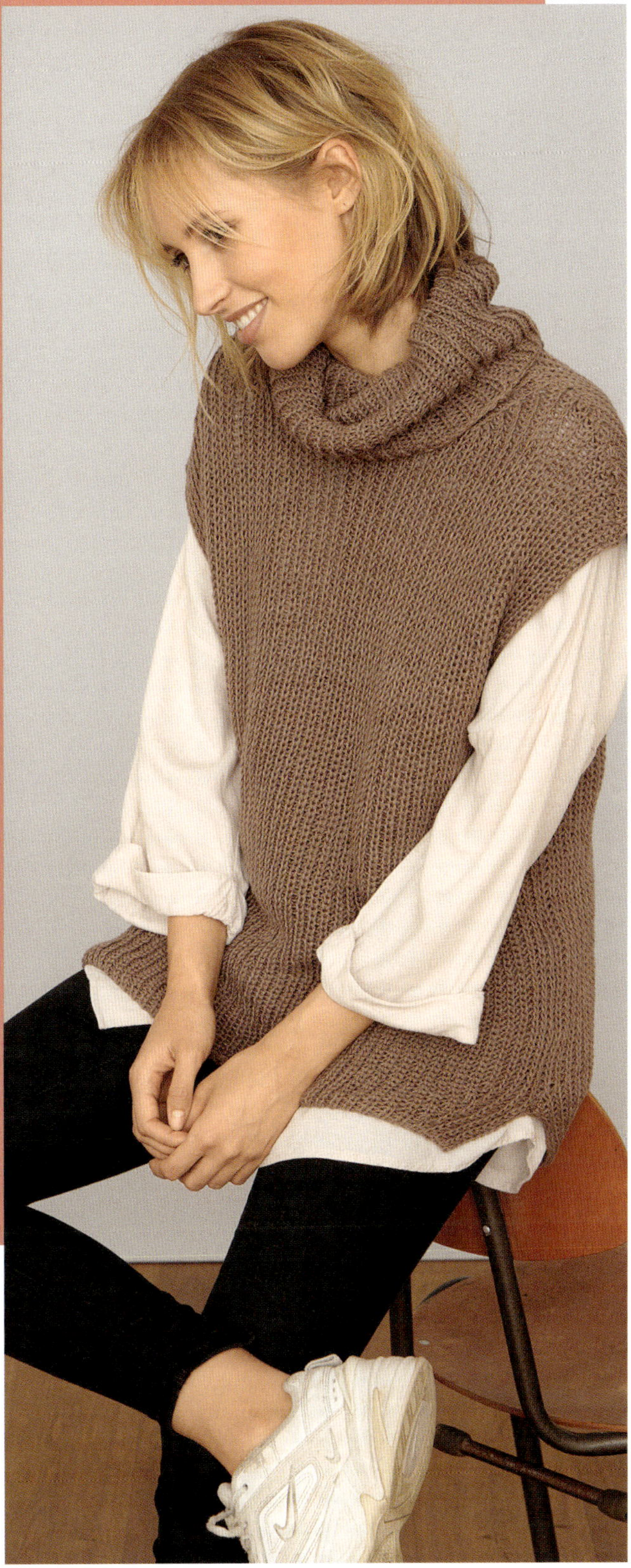

Linker Rand: Bis zu den letzten 11 Maschen mustergemäß stricken, dann 3 Maschen rechts zusammenstricken, 7 Maschen Halbpatent, 1 Randmasche.

MASCHENPROBE:

Halbpatent: 18 Maschen und 40 Reihen = 10 cm x 10 cm.

HINWEIS:

Das Rückenteil ist 6 cm länger als das Vorderteil.

So wird's gemacht:

RÜCKENTEIL:

91 (97/105) Maschen mit Nadeln 3,5 mm anschlagen und im Halbpatent stricken, dabei mit 1 Rückreihe beginnen. Zur Formgebung beidseitig in jeder 14. Reihe 4 x je 2 Maschen betont zunehmen = 107 (113/121) Maschen. In 48,5 cm Gesamthöhe für die Armausschnitte beidseitig 1 x 2 Maschen und in jeder 4. Reihe 2 x je 2 Maschen betont abnehmen = 95 (101/109) Maschen. In 68 (70/72) cm Gesamthöhe für die Schulterschrägen beidseitig 1 x 4 (5/5) Maschen und in jeder 2. Reihe 2 x je 4 Maschen und 4 x je 5 Maschen (6 x je 5 Maschen/2 x je 5 Maschen und 4 x je 6 Maschen) abketten. Gleichzeitig in 70 (72/74) cm Gesamthöhe für den Halsausschnitt die mittleren 23 Maschen abketten und beide Seiten getrennt beenden. Für die Ausschnittrundung am inneren Rand in jeder 2. Reihe 2 x je 2 Maschen betont abnehmen. Andere Seite gegengleich beenden.

VORDERTEIL:

91 (97/105) Maschen mit Nadeln 3,5 mm anschlagen und im Halbpatent stricken, dabei mit 1 Rückreihe beginnen. Zur Formgebung beidseitig in jeder 8. Reihe 4 x je 2 Maschen betont zunehmen = 107 (113/121) Maschen. In 41 cm Gesamthöhe für die Armausschnitte beidseitig 1 x 2 Maschen und in jeder 4. Reihe 2 x je 2 Maschen betont abnehmen = 95 (101/109) Maschen. In 60,5 (62,5/64,5) cm Gesamthöhe für die Schulterschrägen beidseitig 1 x 4 (5/5) Maschen und in jeder 2. Reihe 2 x je 4 Maschen und 4 x je 5 Maschen (6 x je 5 Maschen/2 x je 5 Maschen und 4 x je 6 Maschen) abketten. Gleichzeitig in 61 (63/65) cm Gesamthöhe für den Halsausschnitt die mittleren 15 Maschen abketten und beide Seiten getrennt beenden. Für die Ausschnittrundung am inneren Rand in jeder 2. Reihe 2 x je 2 Maschen und in jeder 4. Reihe 2 x je 2 Maschen betont abnehmen. Andere Seite gegengleich beenden.

FERTIGSTELLEN:

Die Schulternähte schließen. Aus dem Halsausschnitt 86 Maschen mit der Rundstricknadel 3,5 mm auffassen und 28 cm Halbpatent in Runden stricken. Maschen abketten. Seitennähte schließen, dabei die unteren 10 cm beim Vorderteil bzw. 17,5 cm beim Rückenteil offenlassen.

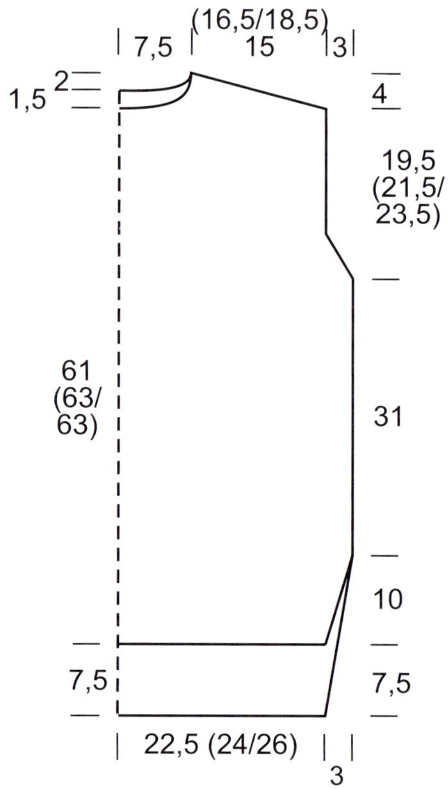

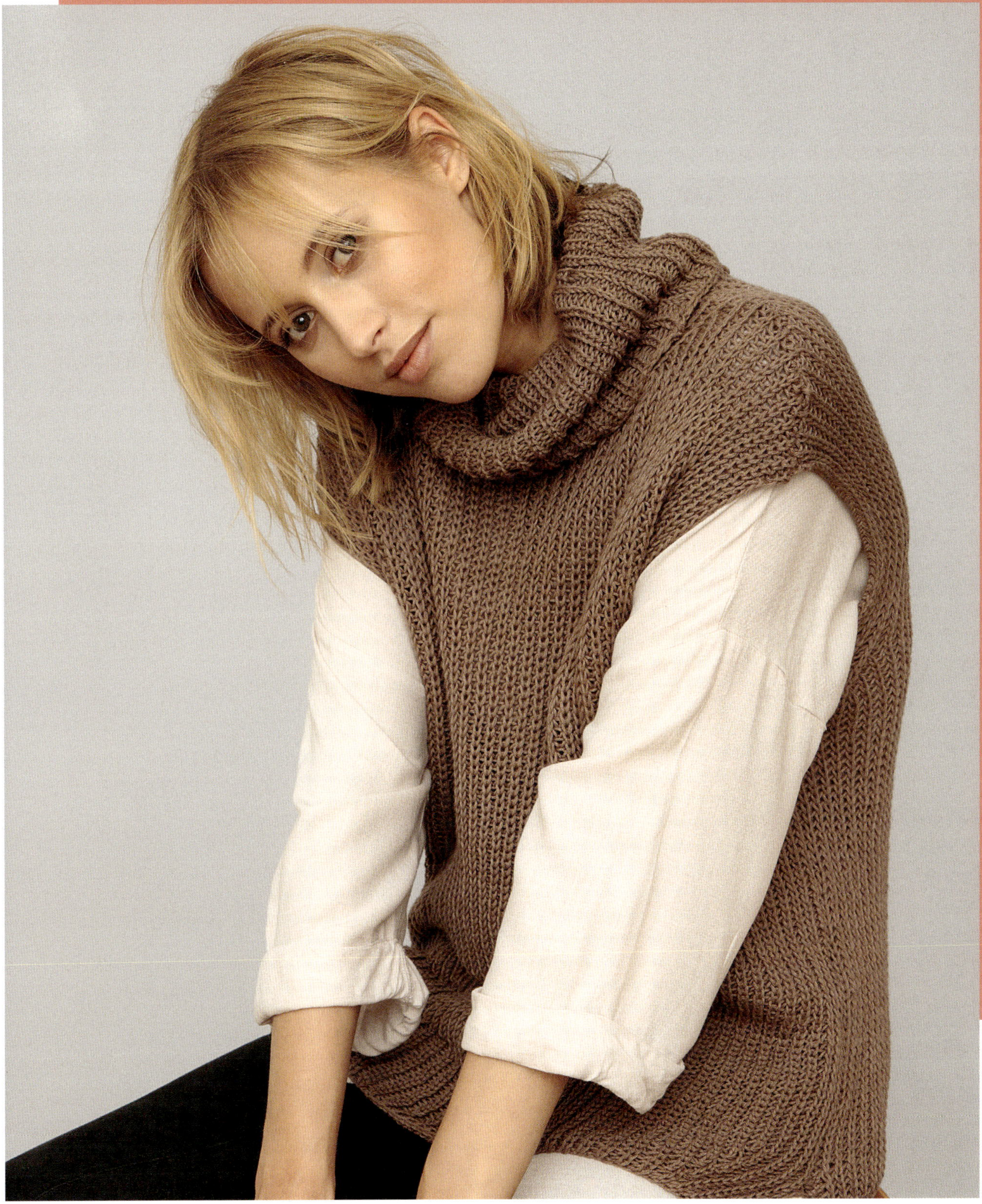

Camille

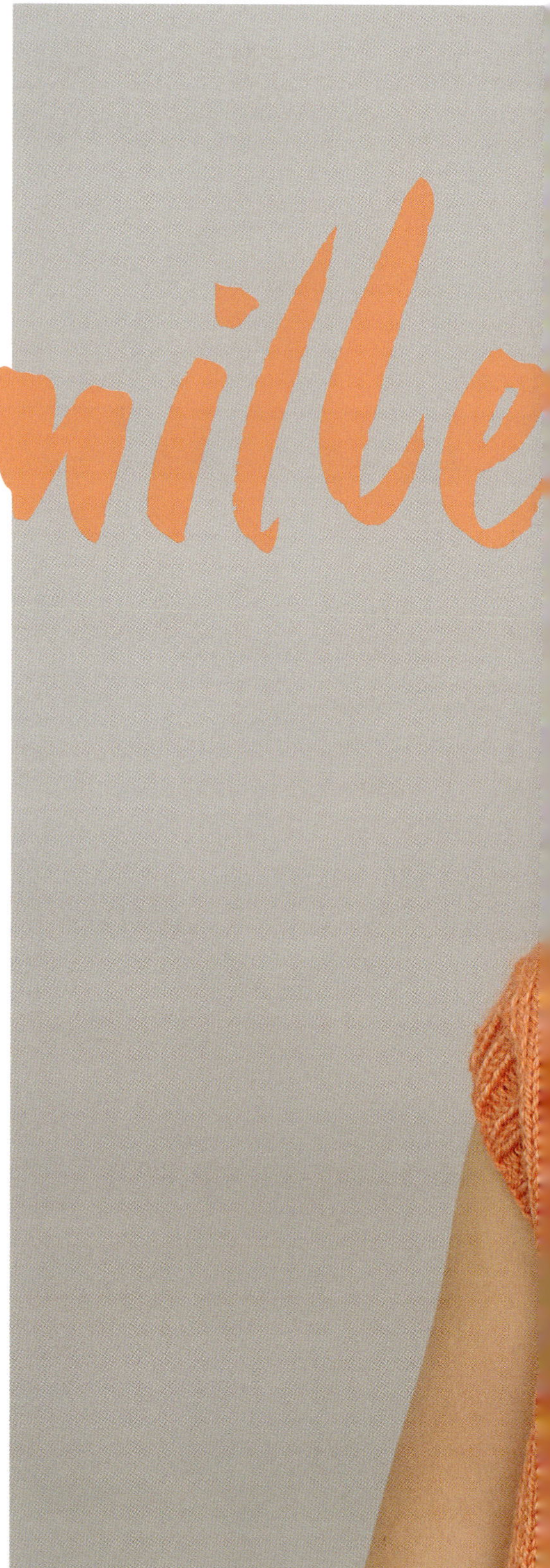

Der perfekte Mix aus klassisch und sportlich: Camille trägt sich über Shirts oder auch einfach Solo mit Blue Jeans. Der breite Mittelzopf ist der Hingucker dieses Modells. Gestrickt mit weichem Schurwoll-Seiden-Garn in knalligem Orange bringt es direkt gute Laune!

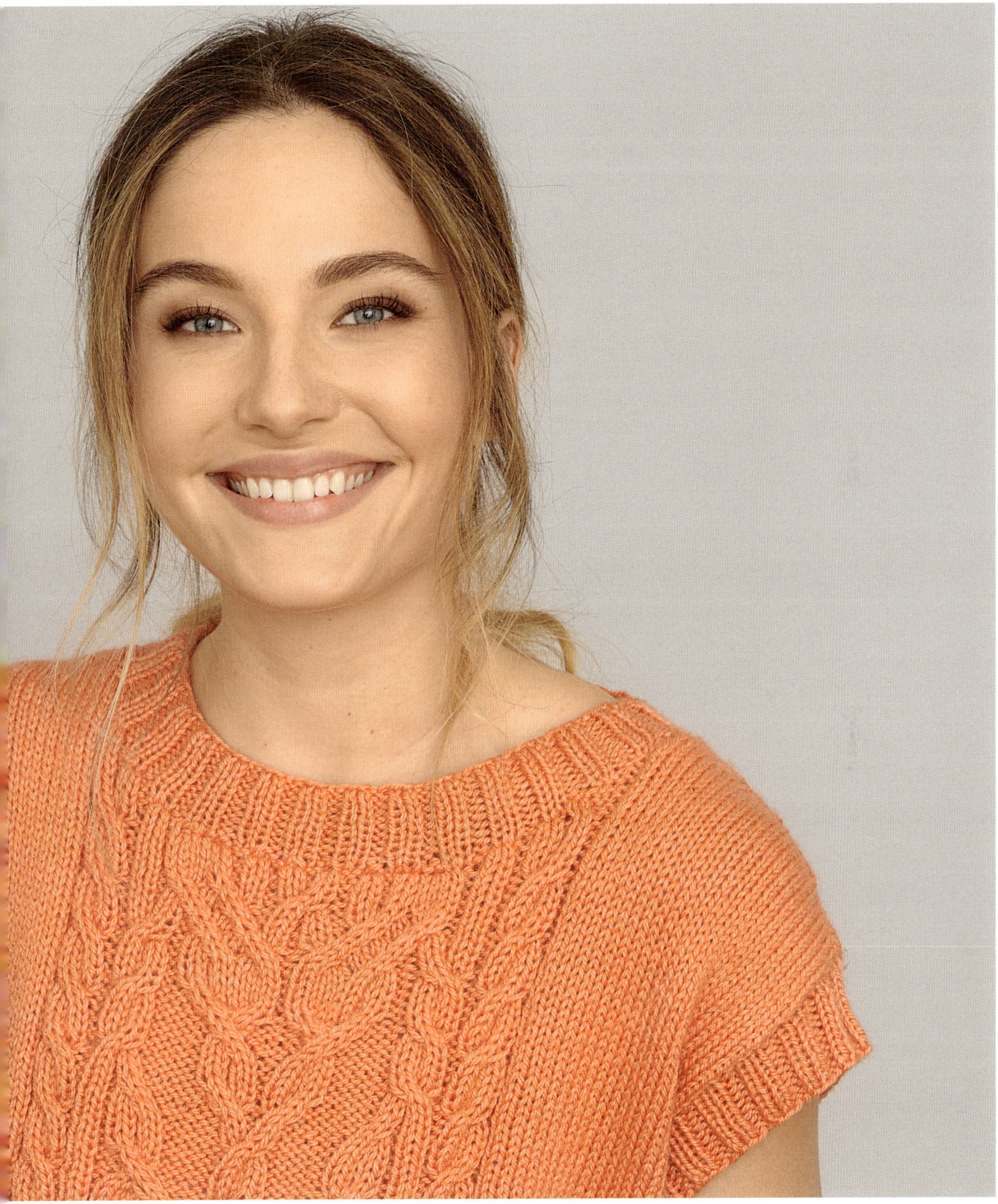

Camille

GRÖSSE:

36/38, 40/42 und 44/46
Die Angaben für Größe 36/38 stehen vor der Klammer, die für Größe 40/42 und 44/46 hintereinander in den Klammern. Steht nur eine Angabe, gilt diese für alle Größen.

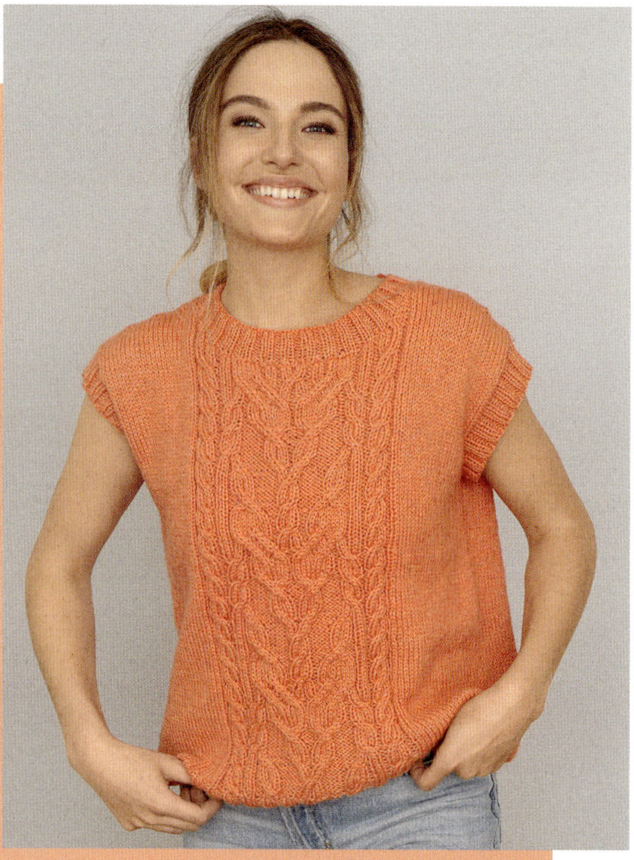

MATERIAL:

Treseta von Lana Grossa (40% Schurwolle, 35% Seide, 20% Alpaka, 5% Viskose, 130m/50g) 350 (400/400)g Lachsrot (Fb 18) Stricknadeln 4,0 und 5,0mm; 1 Rundstricknadel 4,0mm (40cm)

MUSTER:

Rippenmuster:
2 Maschen rechts, 2 Maschen links im Wechsel stricken.

Glatt rechts:
In Hinreihen rechte Maschen und in Rückreihen linke Maschen stricken.

Zopf über 58 Maschen:
Nach Strickschrift arbeiten. Es sind nur Hinreihen dargestellt; in den Rückreihen Maschen stricken, wie sie erscheinen. Über die ersten und letzten 10 Maschen 1 x die 1.–8. Reihe arbeiten, dann die 3.–8. Reihe stets wiederholen, über die mittleren 38 Maschen 1 x die 1.–42. Reihe arbeiten, dann die 3.–42. Reihe stets wiederholen.

MASCHENPROBEN:

Glatt rechts: 19 Maschen und 25 Reihen = 10cm x 10cm
Zopf: 58 Maschen und 24 Reihen = 21 cm x 10cm

So wird's gemacht:

RÜCKENTEIL:

106 (114/122) Maschen mit Nadeln 4,0 mm anschlagen und für den Bund 5,5 cm = 17 Reihen im Rippenmuster stricken, dabei in der 1. Reihe = Rückreihe nach der Randmasche mit 1 Masche links, 2 Maschen rechts, 2 Maschen links beginnen und gegengleich enden. Dann mit Nadeln 5,0 mm weiterarbeiten und Maschen wie folgt einteilen, dabei über die mittleren 38 (38/40) Maschen gleichmäßig verteilt 20 (20/18) Maschen zunehmen = 126 (134/140) Maschen: 1 Randmasche, 33 (37/40) Maschen glatt rechts, 58 Maschen Zopf, 33 (37/40) Maschen glatt rechts, 1 Randmasche. In 38 cm Gesamthöhe für die Armausschnitte beidseitig 1 x 3 Maschen, dann in jeder 2. Reihe 2 x je 2 Maschen, 2 x je 1 Masche und in der folgenden 4. Reihe 1 x 1 Masche abketten = 106 (114/120) Maschen. In 57,5 (59,5/61,5) cm Gesamthöhe für die Schulterschrägen beidseitig 1x 6 (7/7) Maschen und in jeder 2. Reihe 3x je 6 (7/8) Maschen abketten. In 58 (60/62) cm Gesamthöhe für den Halsausschnitt die mittleren 52 Maschen abketten und beide Seiten getrennt beenden. Für die Ausschnittrundung am inneren Rand in jeder 2. Reihe 1 x 2 Maschen und 2 x je 1 Masche abketten. Andere Seite gegengleich beenden.

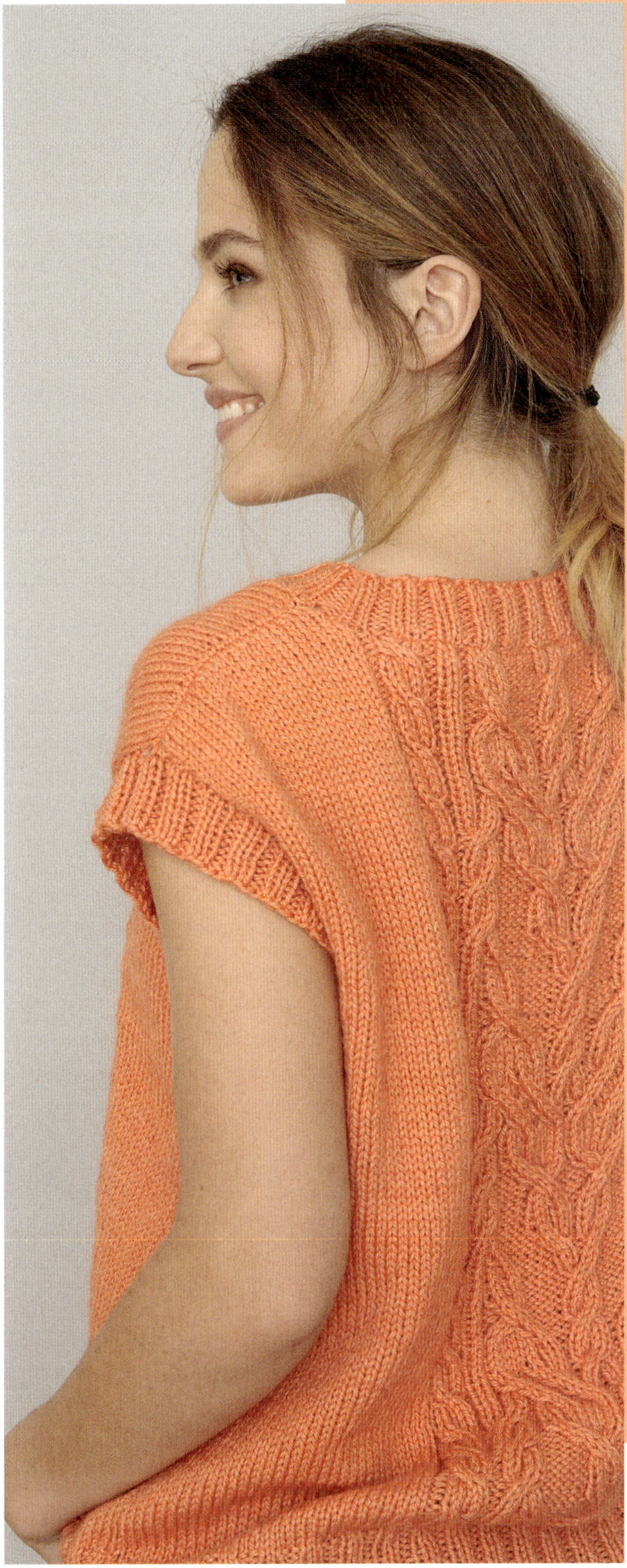

VORDERTEIL:

Wie das Rückenteil arbeiten, jedoch für den tieferen Halsausschnitt schon in 50 (52/54) cm Gesamthöhe die mittleren 30 Maschen abketten und beide Seiten getrennt beenden. Für die Ausschnittrundung am inneren Rand in jeder 2. Reihe 1 x 4 Maschen, 1 x 3 Maschen, 2 x je 2 Maschen, 2 x je 1 Masche und in der folgenden 4. Reihe 1 x 1 Masche abketten.

FERTIGSTELLEN:

Die Schulternähte schließen. Aus dem Halsausschnitt 108 Maschen mit der Rundstricknadel 4,0 mm auffassen und 22 cm im Rippenmuster in Runden stricken. Maschen abketten. Seitennähte schließen. Aus den Armausschnitten je 76 (84/92) Maschen mit der Rundstricknadel 4,0 mm auffassen und 4 cm im Rippenmuster in Runden stricken. Maschen abketten.

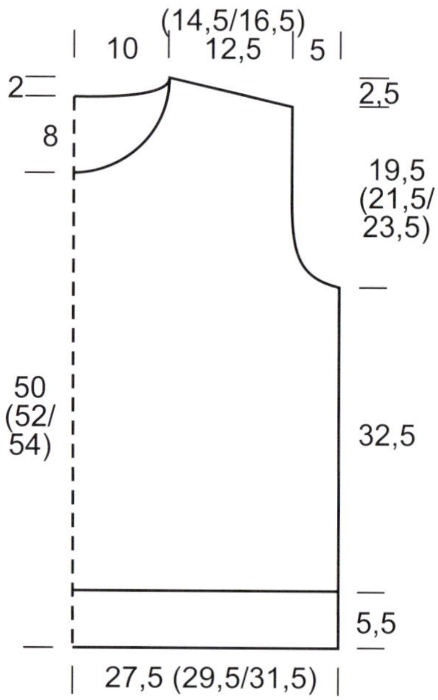

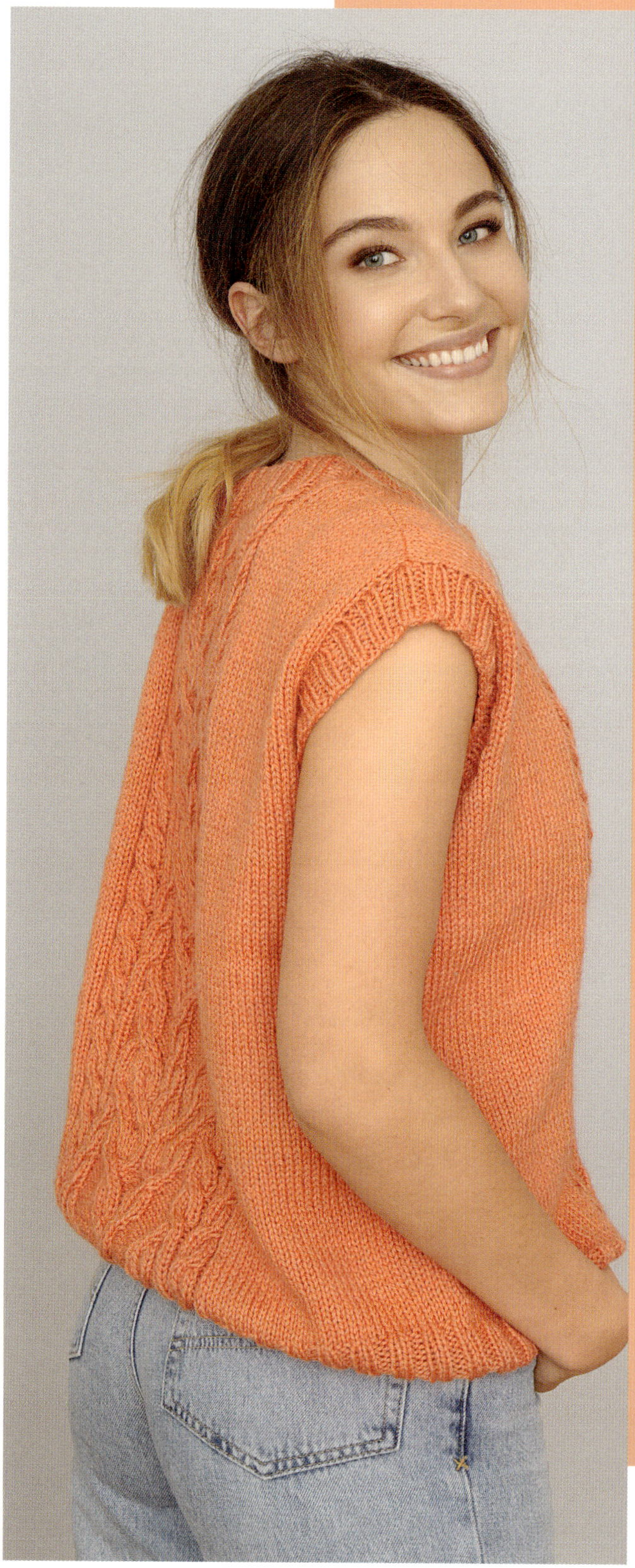

Zeichenerklärung:

□ = 1 Masche rechts

⊟ = 1 Masche links

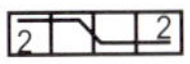 = 2 Maschen auf eine Hilfsnadel vor die Arbeit legen, 2 Maschen rechts stricken, dann die Maschen der Hilfsnadel rechts stricken

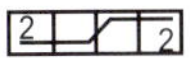 = 2 Maschen auf eine Hilfsnadel hinter die Arbeit legen, 2 Maschen rechts stricken, dann die Maschen der Hilfsnadel rechts stricken

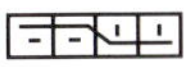 = 2 Maschen auf eine Hilfsnadel vor die Arbeit legen, 2 Maschen links stricken, dann die Maschen der Hilfsnadel rechts stricken

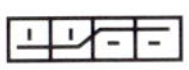 = 2 Maschen auf eine Hilfsnadel hinter die Arbeit legen, 2 Maschen rechts stricken, dann die Maschen der Hilfsnadel links stricken

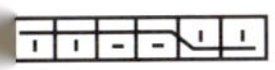 = 2 Maschen auf eine Hilfsnadel vor die Arbeit legen, 2 Maschen rechts und 2 Maschen links stricken, dann die Maschen der Hilfsnadel rechts stricken

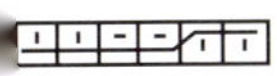 = 4 Maschen auf eine Hilfsnadel hinter die Arbeit legen, 2 Maschen rechts stricken, dann die ersten 2 Maschen der Hilfsnadel links und die zweiten 2 Maschen der Hilfsnadel rechts stricken

Strickschrift:

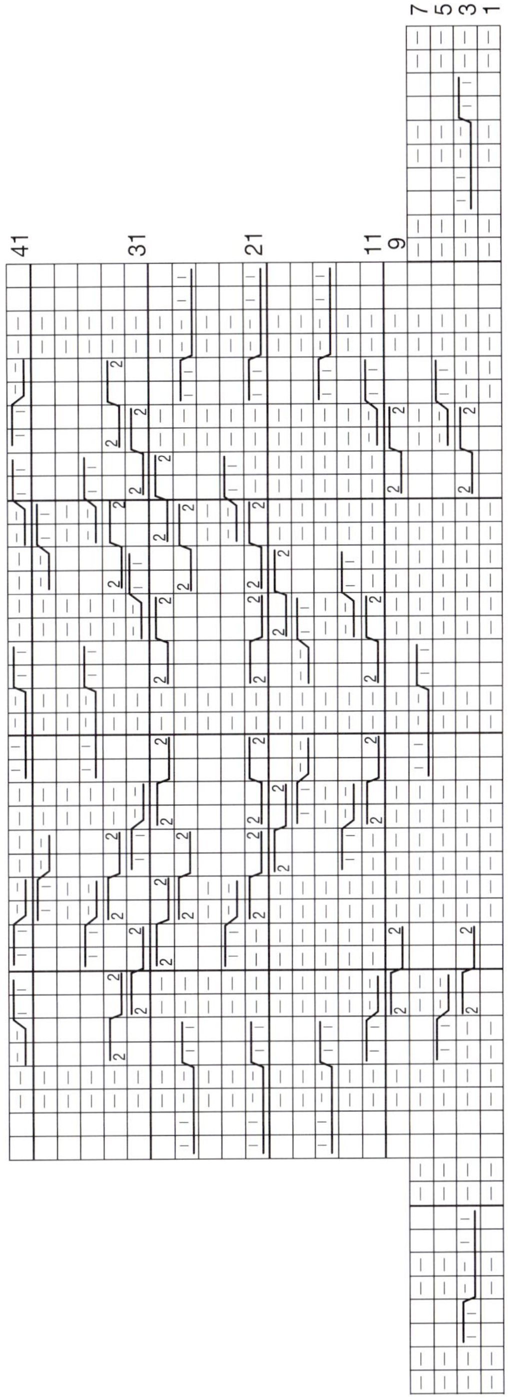

Greta

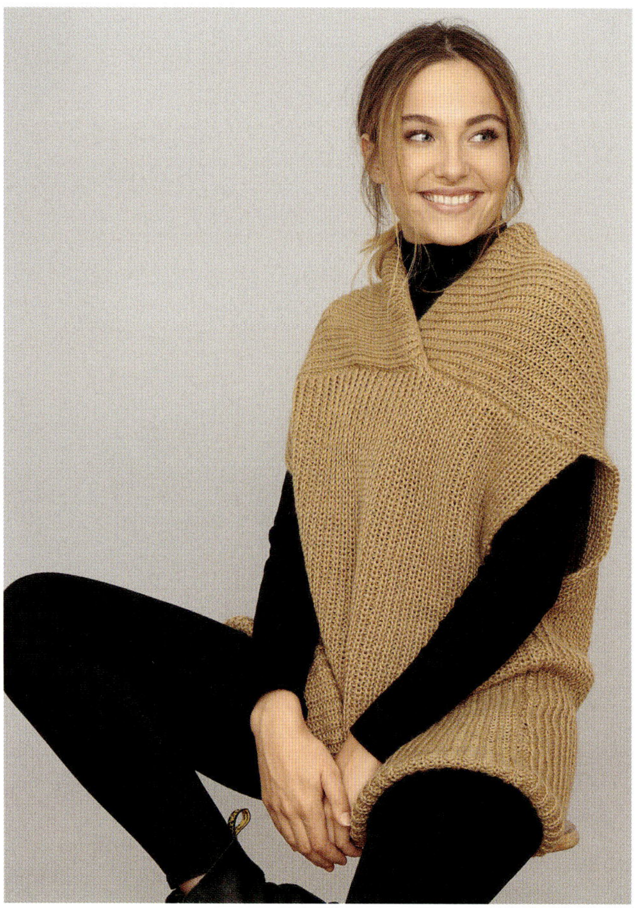

Hier ergibt der raffinierte Schnitt einen schön anliegenden Kragen. Greta wird aus angenehmem Schurwoll-Kaschmir-Seiden-Garn gestrickt und ist ein Alltagsliebling für kalte Tage.

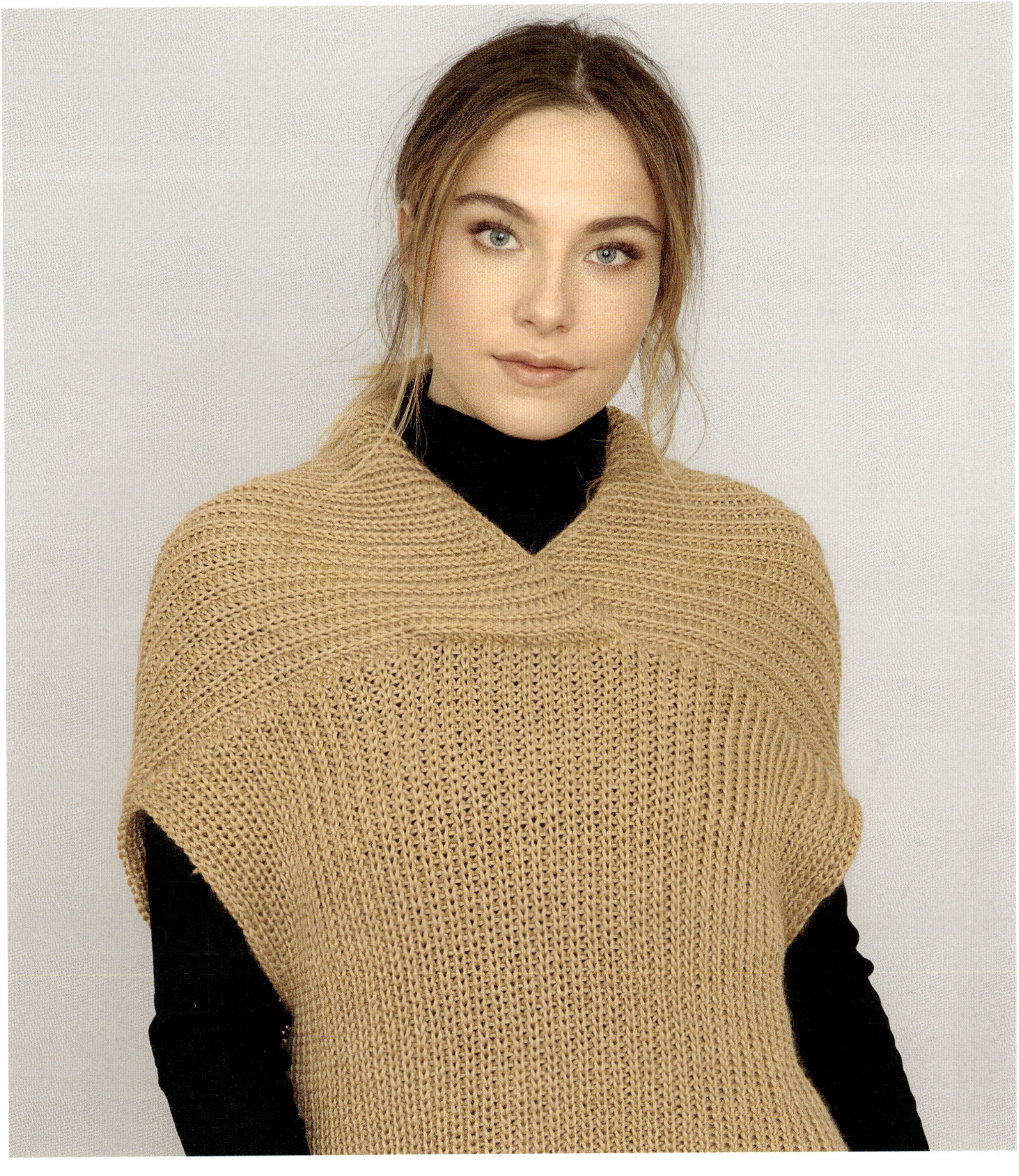

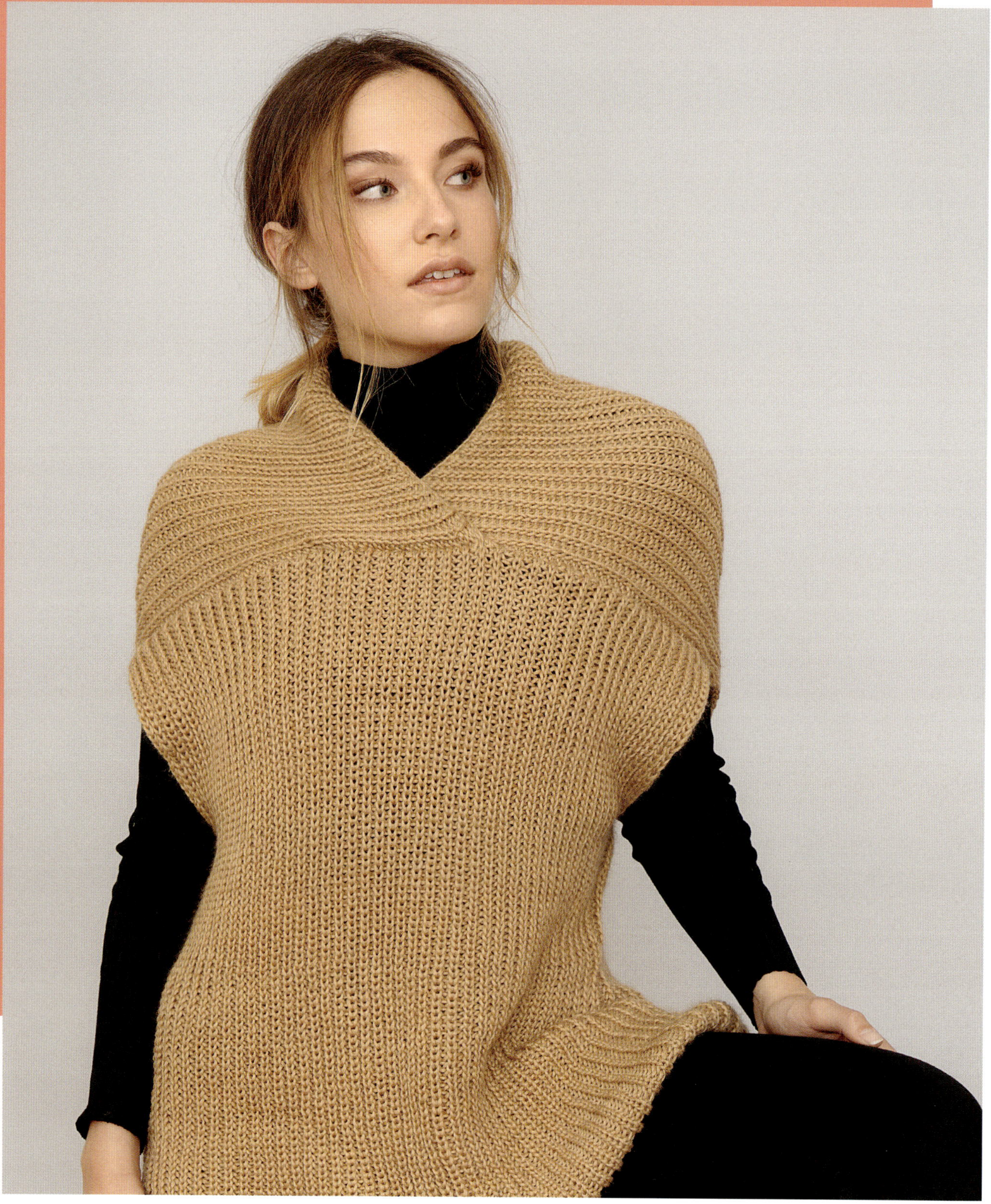

Greta

GRÖSSE:

36/38, 40/42 und 44/46

Die Angaben für Größe 36/38 stehen vor der Klammer, die für Größe 40/42 und 44/46 hintereinander in den Klammern. Steht nur eine Angabe, gilt diese für alle Größen.

MATERIAL:

Cashmere Queen von Schoppel (45% Schurwolle, 35% Kaschmir, 20% Seide, 140m/50g) 400 (450/500) g Camel (Fb 7181) Stricknadeln 4,0mm

TECHNIK:

Halbpatent, Maschenzahl teilbar durch 2 + 1 + 2 Randmaschen:

1. Reihe = Rückreihe: 1 Randmasche, *1 M rechts, 1 Masche mit 1 Umschlag wie zum Linksstricken abheben, ab * stets wiederholen, 1 Masche rechts, 1 Randmasche.

2. Reihe = Hinreihe: 1 Randmasche, * 1 Masche links, 1 Masche mit dem Umschlag rechts zusammenstricken, ab * stets wiederholen, 1 Masche links, 1 Randmasche.

Die 1. und 2. Reihe stets wiederholen.

MASCHENPROBE:

Halbpatent: 16,5 Maschen und 34 Reihen = 10cm x 10cm.

So wird's gemacht:

RÜCKENTEIL:

95 (101/107) Maschen mit Nadeln 4,0mm anschlagen und 90 (94/98) cm Halbpatent stricken. Maschen abketten.

VORDERTEIL:

89 (95/101) Maschen mit Nadeln 4,0mm anschlagen und 58 (60/62) cm Halbpatent stricken. Maschen abketten.

FERTIGSTELLEN:

Seitennähte schließen, dafür die unteren 39cm schließen. Nun die oberen Ecke des überlappenden Rückenteils nach vorn umschlagen und an die Abkettreihe des Vorderteils nähen, dabei sollen sich die beiden Rückenteilhälften in der vorderen Mitte um 5 cm, also insgesamt um 10cm, überlappen; das rechte Vorderteil liegt über dem linken.

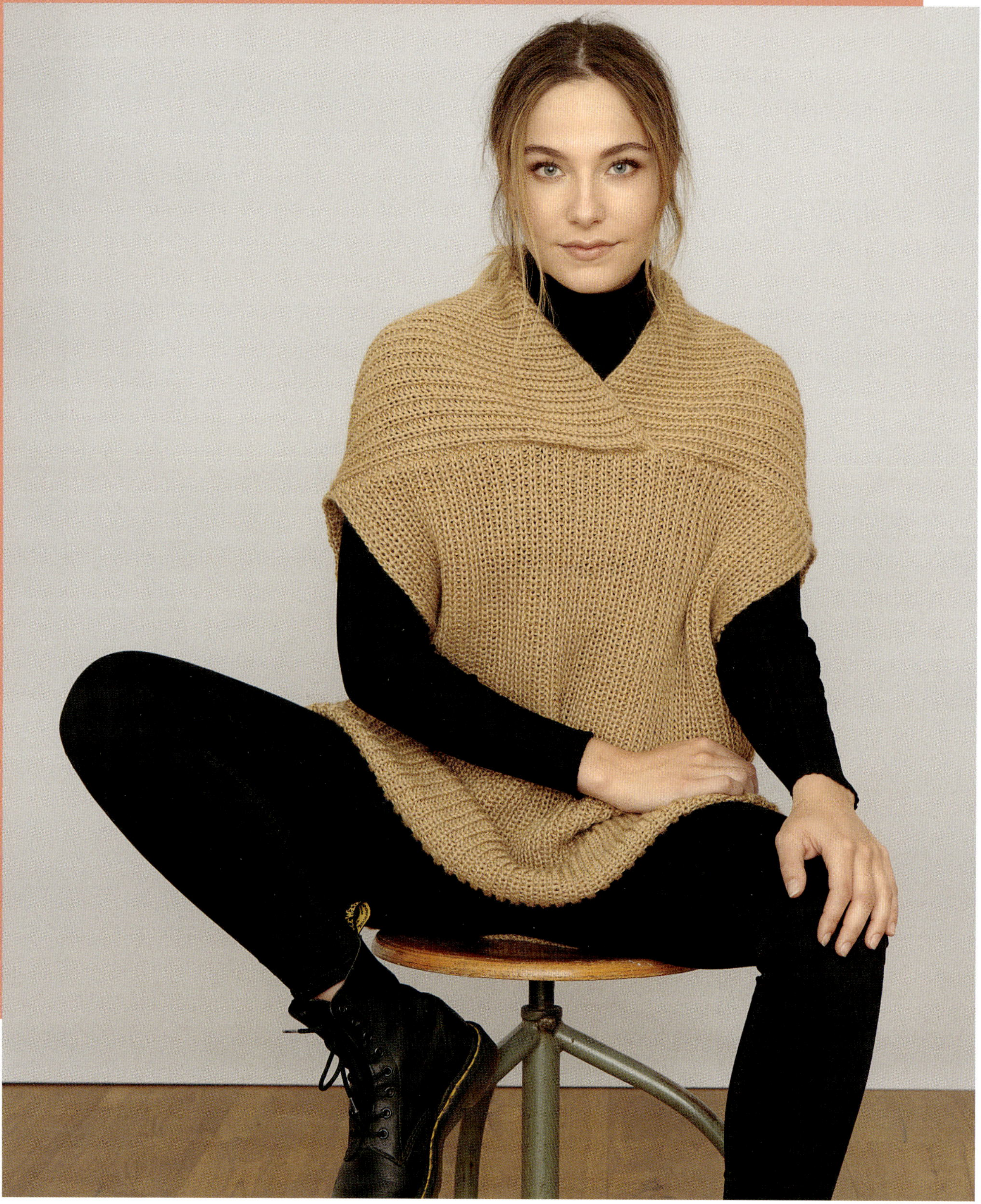

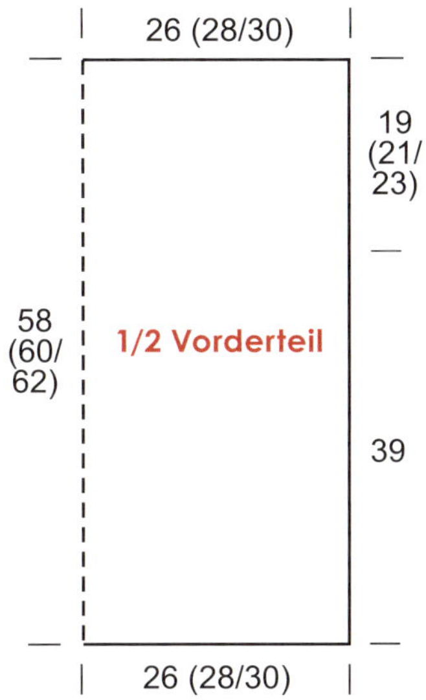
26 (28/30)
19
(21/
23)
58
(60/
62)
1/2 Vorderteil
39
26 (28/30)

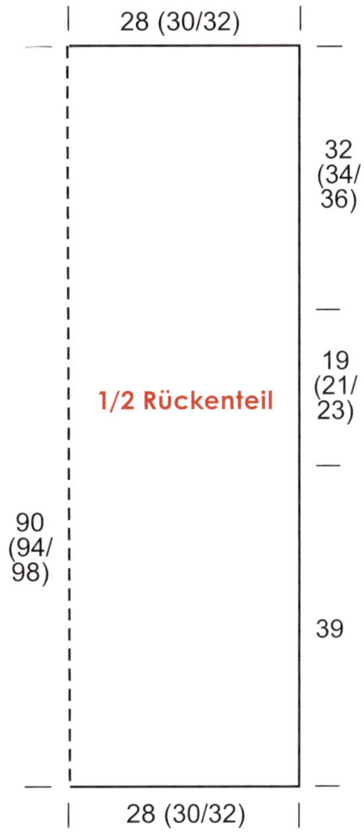
28 (30/32)
32
(34/
36)
19
(21/
23)
1/2 Rückenteil
90
(94/
98)
39
28 (30/32)

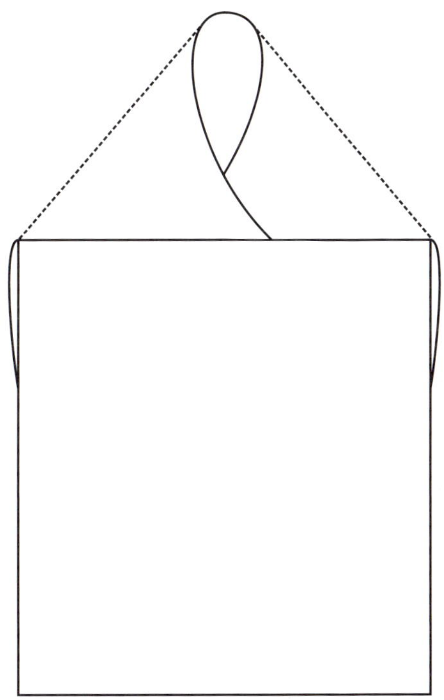

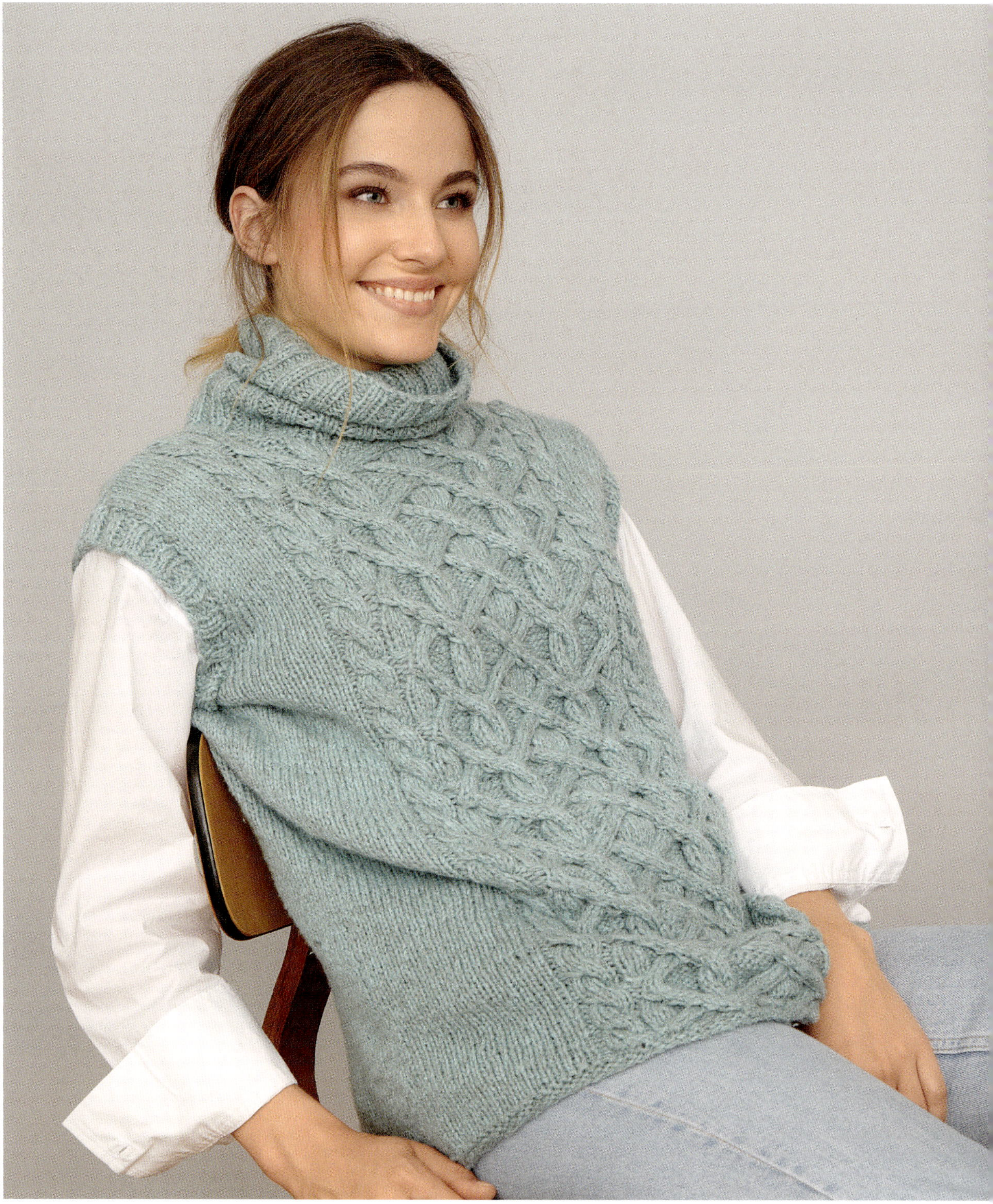

Marina

Zopf-Party – hier steht das besondere Muster im Vordergrund. Marina entsteht aus weichem Tweedgarn und strahlt in Pastell. Für ein bisschen Farbe an tristen Tagen!

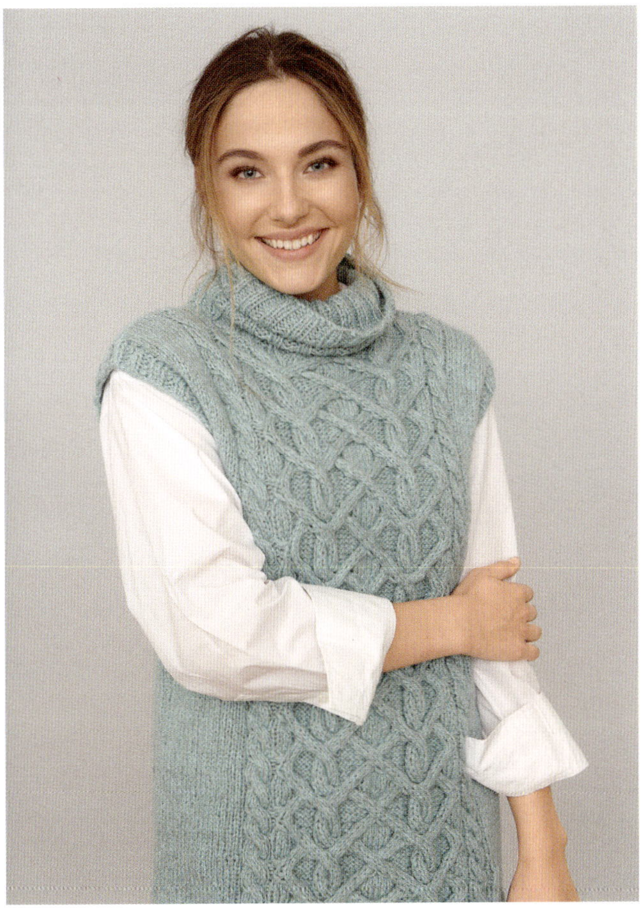

GRÖSSE:

36/38, 40/42 und 44/46

Die Angaben für Größe 36/38 stehen vor der Klammer, die für Größe 40/42 und 44/46 hintereinander in den Klammern. Steht nur eine Angabe, gilt diese für alle Größen.

MATERIAL:

Benessere von Lana Grossa (45% Baumwolle, 32% Alpaka, 23% Polyamid, 125m/50g) 350 (350/400) g Salbei (Fb 21) Stricknadeln 6,0 und 7,0mm; 1 Rundstricknadel 6,0mm (40 cm)

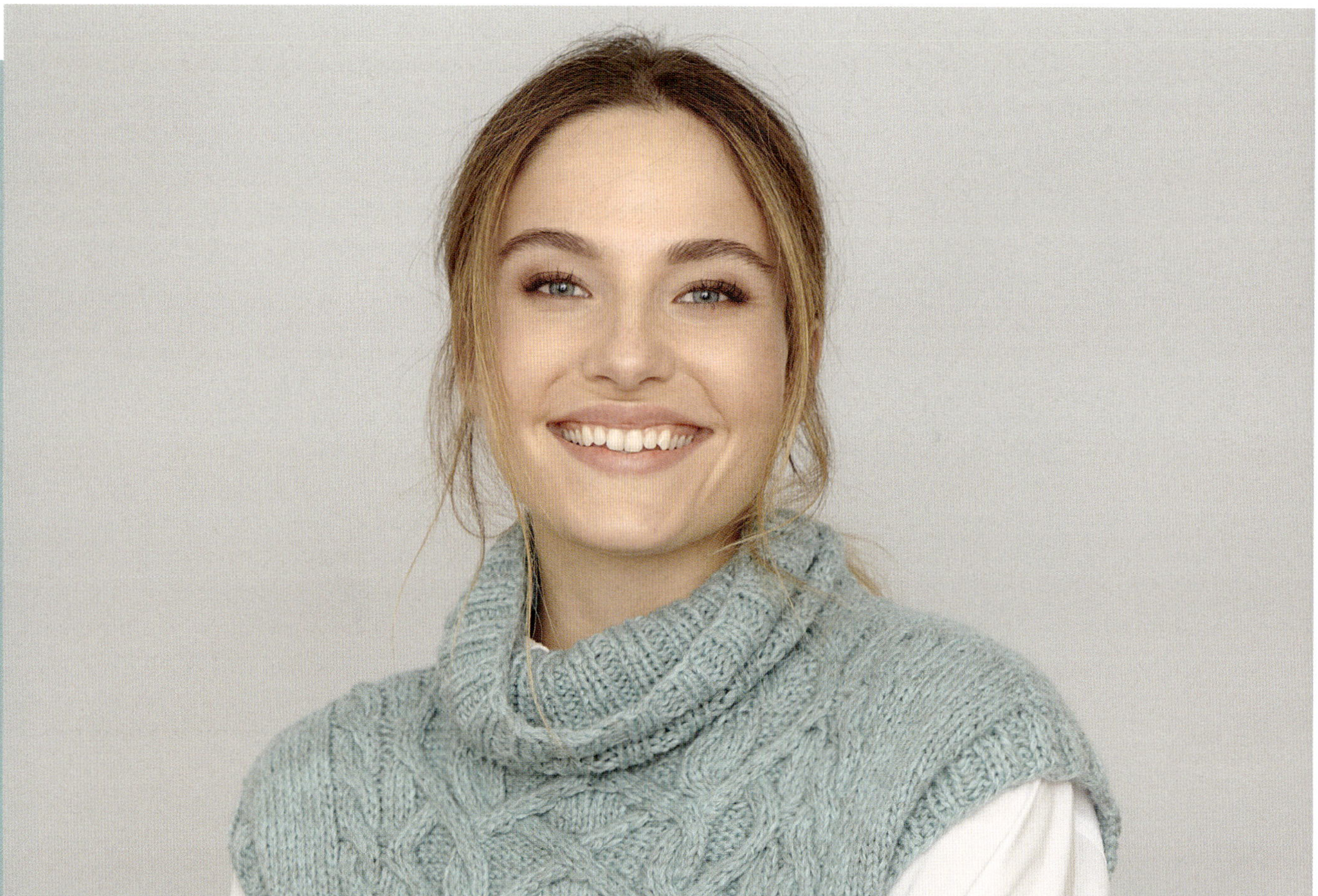

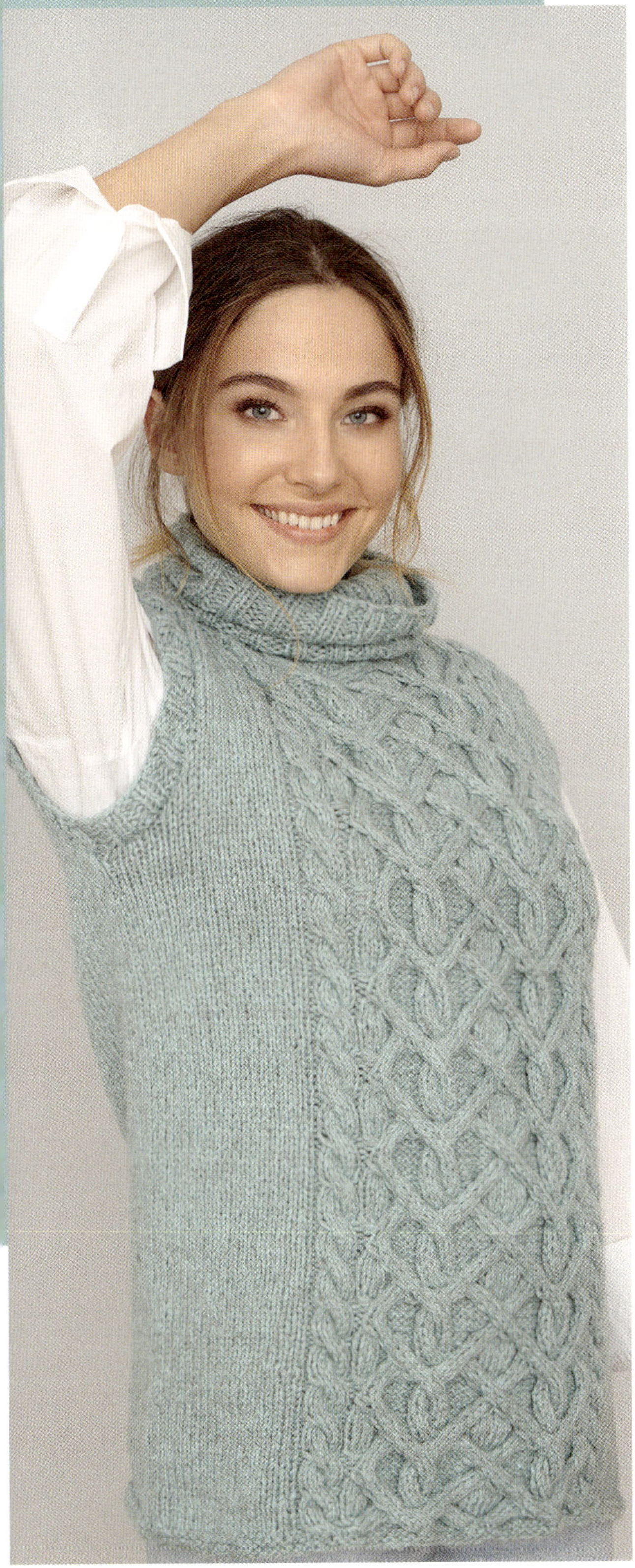

MUSTER:

Rippenmuster:
2 Maschen rechts, 2 Maschen links im Wechsel stricken.

Glatt rechts:
In Hinreihen rechte Maschen und in Rückreihen linke Maschen stricken.

Zopf über 76 Maschen:
Nach Strickschrift arbeiten. Es sind nur Hinreihen dargestellt; in den Rückreihen Maschen stricken, wie sie erscheinen. 1 x die 1.–14. Reihe arbeiten, dann die 3.–14. Reihe stets wiederholen.

MASCHENPROBEN:

Glatt rechts: 16,5 Maschen und 23 Reihen
= 10 cm x 10 cm
Zopf: 76 Maschen und 23 Reihen = 26 cm x 10 cm

So wird's gemacht:

RÜCKENTEIL:

82 (88/96) Maschen mit Nadeln 6,0 mm anschlagen und für den Bund 1,5 cm = 3 Reihen kraus rechts stricken, dabei mit 1 Rückreihe beginnen. Dann mit Nadeln 7,0 mm glatt rechts weiterarbeiten. In 46 cm Gesamthöhe für die Armausschnitte beidseitig 1 x 3 Maschen, dann in jeder 2. Reihe 1 x 2 Maschen, 2 x je 1 Masche und in der folgenden 4. Reihe 1 x 1 Masche abketten = 66 (72/80) Maschen. In 63,5 (65,5/67,5) cm Gesamthöhe für die Schulterschrägen beidseitig 1 x 7 (8/8) Maschen und in jeder 2. Reihe 2 x je 6 (7/9) Maschen abketten.

Gleichzeitig mit Beginn der Schulterschrägen für den Halsausschnitt die mittleren 24 Maschen abketten und beide Seiten getrennt beenden. Für die Ausschnittrundung am inneren Rand in der folgenden 2. Reihe 1 x 2 Maschen abketten. Andere Seite gegengleich beenden.

VORDERTEIL:

82 (88/96) Maschen mit Nadeln 7,0mm anschlagen und für den Bund 1,5cm = 3 Reihen kraus rechts stricken, dabei mit 1 Rückreihe beginnen. Dann Maschen wie folgt einteilen und über die mittleren 44 Maschen gleichmäßig verteilt 32 Maschen zunehmen = 114 (120/128) Maschen: 1 Randmasche, 18 (21/25) Maschen glatt rechts, 76 Maschen Zopf, 18 (21/25) Maschen glatt rechts, 1 Randmasche. In 46 cm Gesamthöhe für die Armausschnitte beidseitig 1 x 3 Maschen, dann in jeder 2. Reihe 1 x 2 Maschen, 2 x je 1 Masche und in der folgenden 4. Reihe 1 x 1 Masche abketten = 98 (104/112) Maschen. In 63,5 (65,5/67,5) cm Gesamthöhe für die Schulterschräge am äußeren Rand 1 x 8 (9/11) Maschen und in jeder 2. Reihe 2 x je 9 (10/11) Maschen abketten. Gleichzeitig mit Beginn der Schulterschrägen für den Halsausschnitt die mittleren 32 Maschen abketten und beide Seiten getrennt beenden. Für die Ausschnittrundung am inneren Rand in jeder 2. Reihe 1 x 3 Maschen, 1 x 2 Maschen und 2 x je 1 Masche abketten. Andere Seite gegengleich beenden.

FERTIGSTELLEN:

Die Schulternähte schließen. Aus dem Halsausschnitt 80 Maschen mit der Rundstricknadel 6,0mm auffassen und 22cm im Rippenmuster in Runden stricken. Maschen abketten. Seitennähte schließen. Aus den

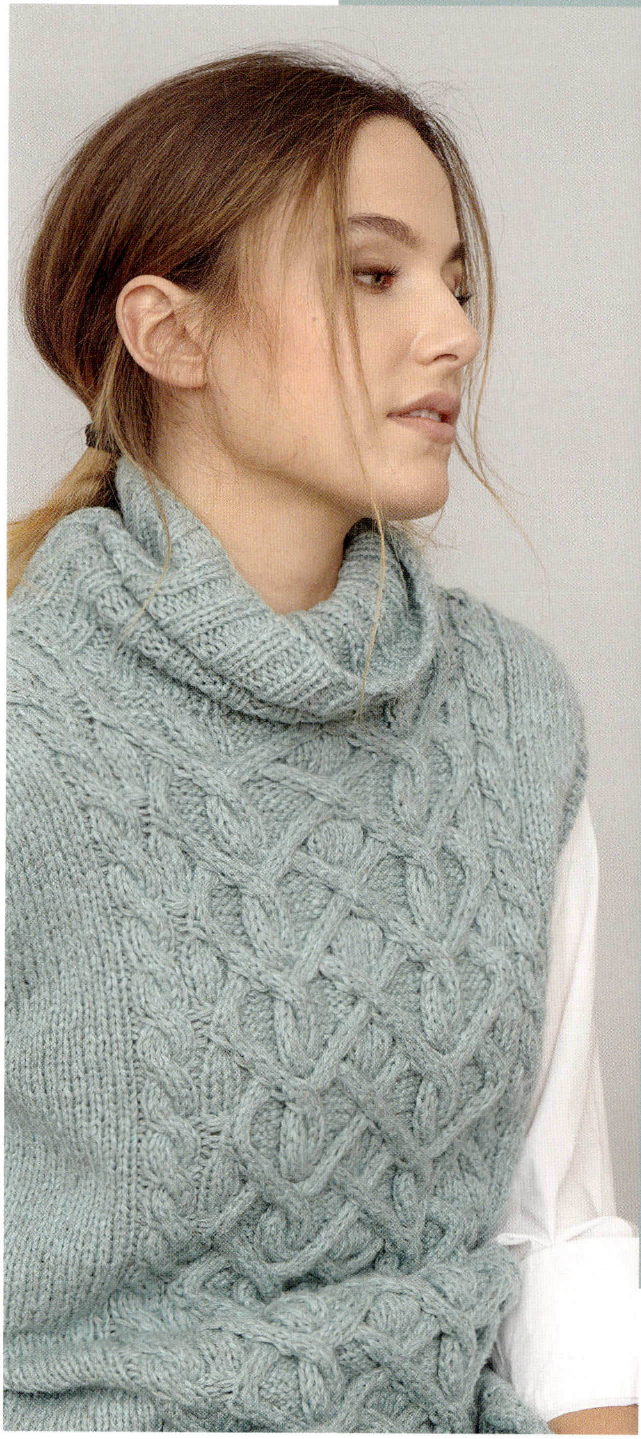

Armausschnitten je 68 (72/80) Maschen mit der Rundstricknadel 6mm auffassen und 3cm im Rippenmuster in Runden stricken. Maschen abketten.

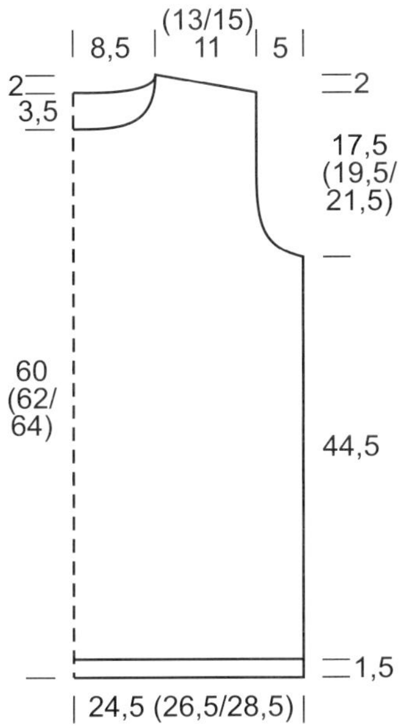

Zeichenerklärung:

☐ = 1 Masche rechts

⊟ = 1 Masche links

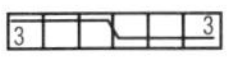 = 3 Maschen auf eine Hilfsnadel vor die Arbeit legen, 3 Maschen rechts stricken, dann die Maschen der Hilfsnadel rechts stricken

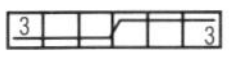 = 3 Maschen auf eine Hilfsnadel hinter die Arbeit legen, 3 Maschen rechts stricken, dann die Maschen der Hilfsnadel rechts stricken

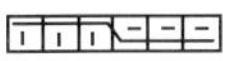 = 3 Maschen auf eine Hilfsnadel vor die Arbeit legen, 3 Maschen links stricken, dann die Maschen der Hilfsnadel rechts stricken

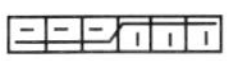 = 3 Maschen auf eine Hilfsnadel hinter die Arbeit legen, 3 Maschen rechts stricken, dann die Maschen der Hilfsnadel links stricken

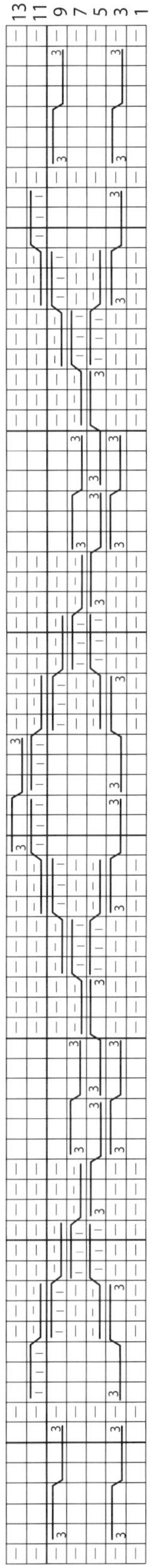

Strickschrift

Chloe

Egal ob für zuhause oder unterwegs, dieser längere Pullunder mit Taschen und Aran-Ajourmuster ist der perfekte Begleiter. Chloe liegt dank dem verwendeten Tweedgarn sanft auf der Haut und lässt sich einfach kombinieren.

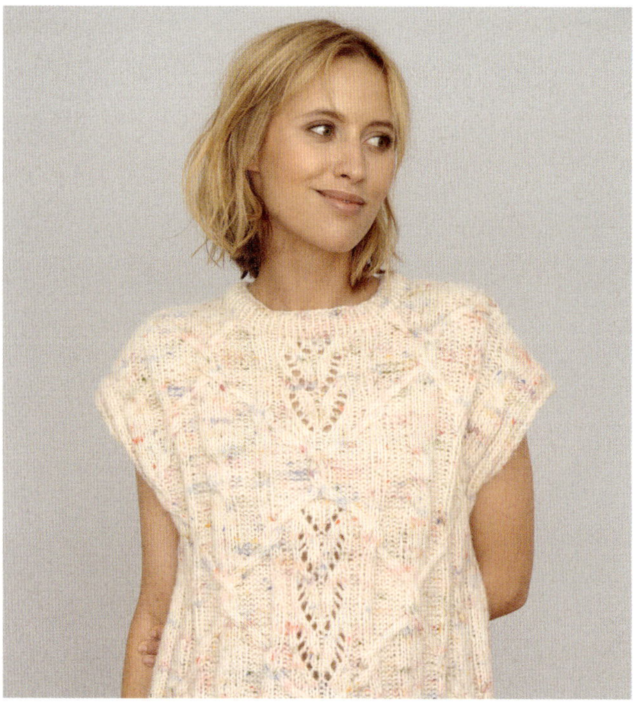

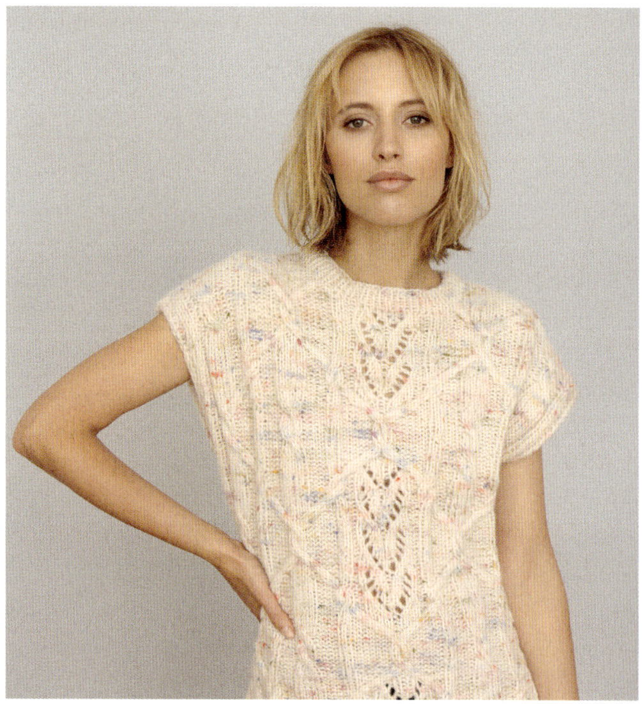

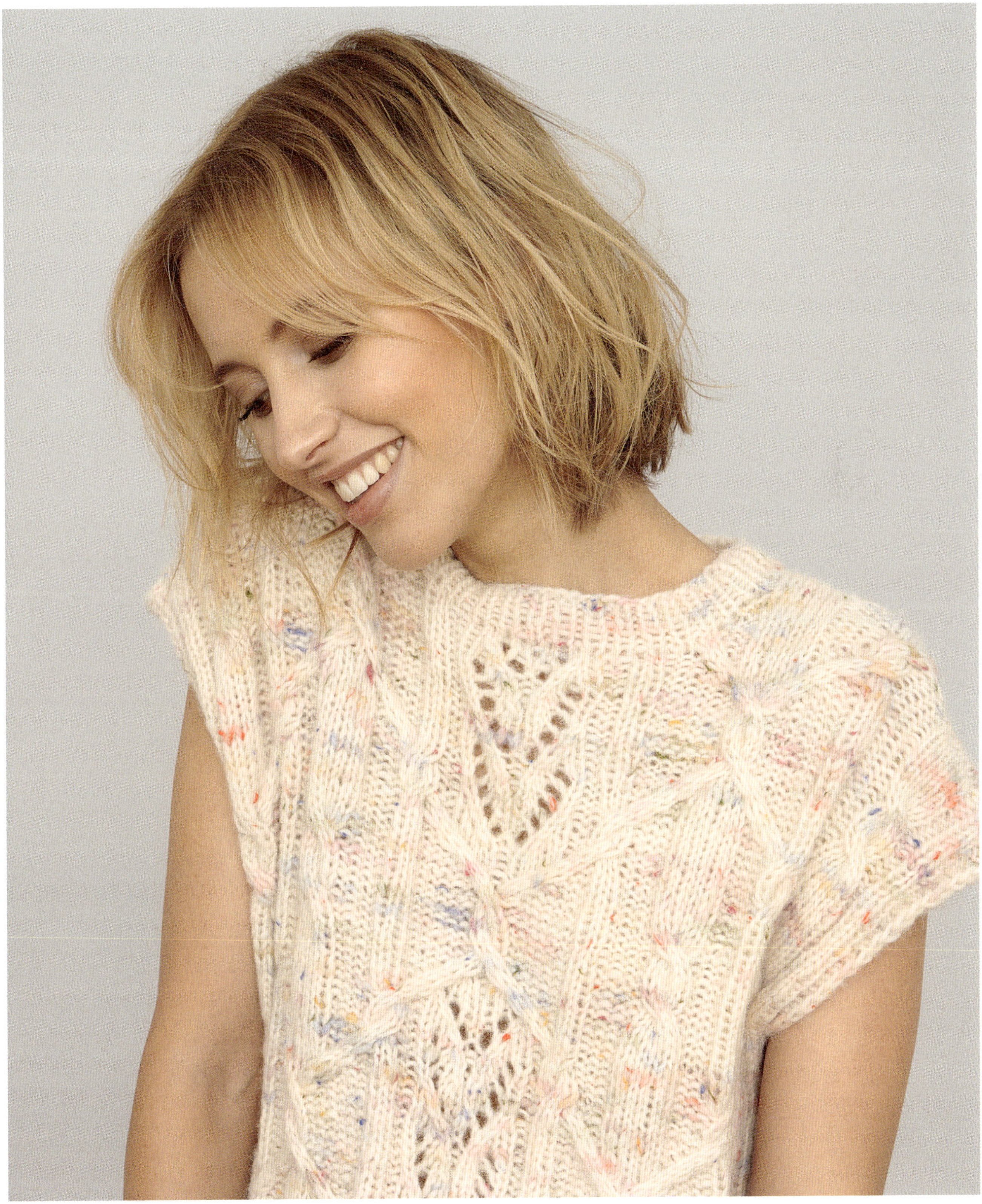

Chloe

GRÖSSE:

36/38, 40/42 und 44/46

Die Angaben für Größe 36/38 stehen vor der Klammer, die für Größe 40/42 und 44/46 hintereinander in den Klammern. Steht nur eine Angabe, gilt diese für alle Größen.

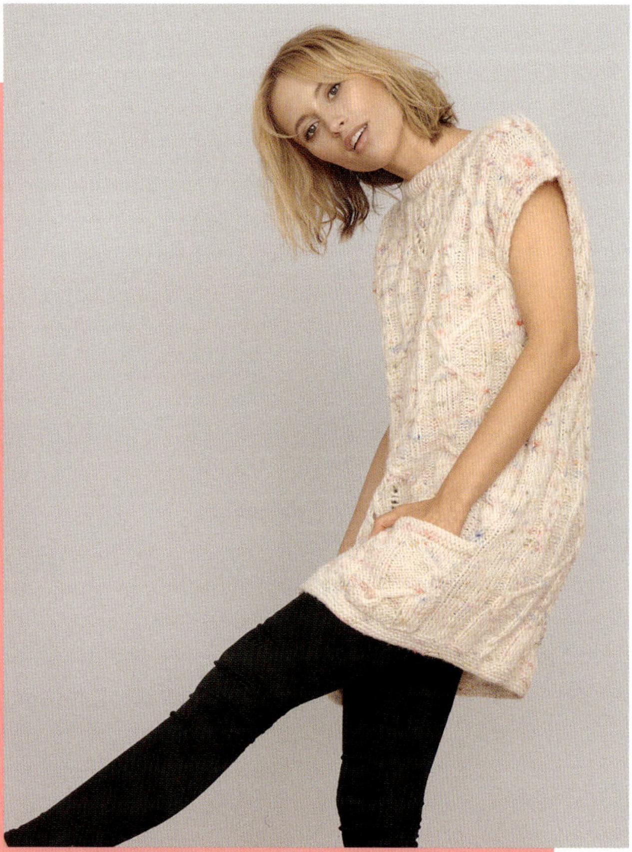

MATERIAL:

Lanalpaco Circus von Schulana (35 % Baumwolle, 34 % Schurwolle, 38 % Alpaka, 3 % Viskose, 110 m/50 g) 400 (450/500) g Weiß (Fb 100) Stricknadeln 5,5 mm und 6,0 mm; 1 Rundstricknadel 5,5 mm (40 cm)

MUSTER:

Rippenmuster:

1 Masche rechts, 1 Masche links im Wechsel stricken.

Glatt rechts:

In Hinreihen rechte Maschen und in Rückreihen linke Maschen stricken.

Glatt links:

In Hinreihen linke Maschen und in Rückreihen rechte Maschen stricken.

Kraus rechts:

In Hin- und Rückreihen rechte Maschen stricken.

Aran-Ajourmuster über 77 Maschen:

Nach Strickschrift arbeiten. Es sind nur Hinreihen dargestellt; in den Rückreihen Maschen stricken, wie sie erscheinen und Umschläge links stricken. Die 1.–52. Reihe stets wiederholen.

Kettrandmasche (Armausschnitte):
Die erste Masche jeder Reihe rechts verschränkt stricken und die letzte Masche wie zum Linksstricken abheben (Faden vor der Arbeit).

MASCHENPROBEN:

Glatt rechts: 14 Maschen und 23 Reihen = 10 cm x 10 cm
Zopf: 17 Maschen und 23 Reihen = 10 cm x 10 cm

So wird's gemacht:

RÜCKENTEIL:

78 (84/90) Maschen mit Nadeln 5,5 mm anschlagen und für den Bund 3 cm = 9 Reihen kraus rechts stricken, dabei mit 1 Rückreihe beginnen und in der letzten Reihe gleichmäßig verteilt 13 Maschen zunehmen = 91 (97/103) Maschen. Dann mit Nadeln 6,0 mm weiterarbeiten und Maschen wie folgt einteilen: 1 Randmasche, 4 (7/10) Maschen glatt rechts, 2 Maschen links, 77 Maschen Zopf, 2 Maschen links, 4 (7/10) Maschen glatt rechts, 1 Randmasche. In 54 cm Gesamthöhe beidseitig je eine Kettrandmasche arbeiten und nach der Kettrandmasche mit 2 Maschen glatt links,
2 Maschen glatt rechts beginnen und vor der Kettrandmasche gegengleich enden = mit 2 Maschen glatt rechts, 2 Maschen glatt links; restliche Maschen

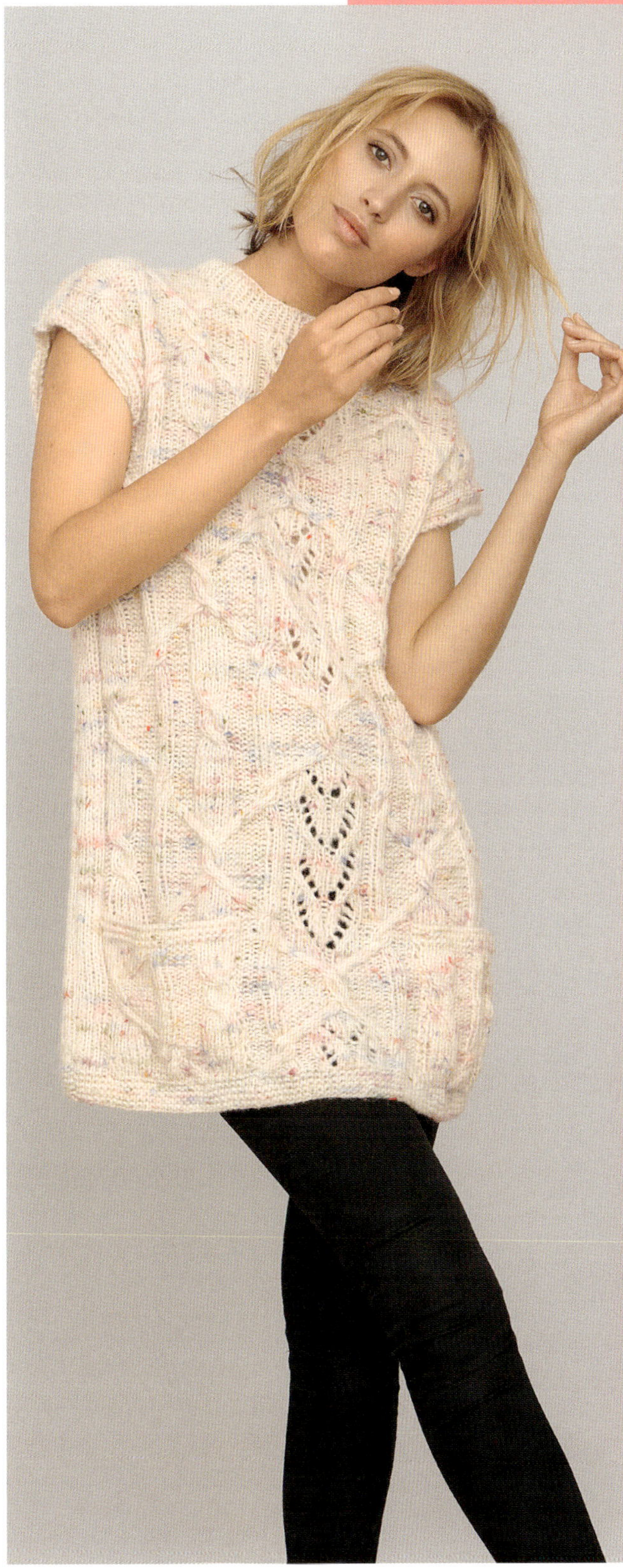

stricken wie zuvor. In 72 (74/76) cm Gesamthöhe für die Schulterschrägen beidseitig 1 x 6 (7/7) Maschen und in jeder 2. Reihe 2 x je 6 Maschen und 2 x je 7 Maschen (4 x je 7 Maschen/1 x 7 Maschen und 3 x je 8 Maschen) abketten. In 73 (75/77) cm Gesamthöhe für den Halsausschnitt die mittleren 23 Maschen abketten und beide Seiten getrennt beenden. Für die Ausschnittrundung am inneren Rand in jeder 2. Reihe 1 x 2 Maschen und 1 x 1 Masche abketten. Andere Seite gegengleich beenden.

VORDERTEIL:

Wie das Rückenteil stricken, jedoch für die Taschenblenden in 18,5 cm = nach 42 Reihen ab Bund über die 7.–31. (10.–34./13.–37.) Masche und die 7.–31. (10.–34./13.– 37.) letzte Masche kraus rechts stricken. In der 6. kraus rechten Reihe = Rückreihe diese 25 Maschen abketten und die restlichen Maschen stilllegen. Für die Taschenbeutel je 25 Maschen mit Nadeln 6,0 mm anschlagen und 15,5 cm glatt rechts stricken. Nun die Maschen der Taschenbeutel anstelle der abgeketteten Maschen einfügen und weiterarbeiten. Und für den tieferen Halsausschnitt schon in 69 (71/73) cm Gesamthöhe die mittleren 13 Maschen abketten und beide Seiten getrennt beenden. Für die Ausschnittrundung am inneren Rand in jeder 2. Reihe 1 x 3 Maschen, 1 x 2 Maschen, 1 x 1 Masche und in der folgenden 4. Reihe 1 x 1 Masche abketten. Andere Seite gegengleich beenden.

FERTIGSTELLEN:

Die Schulternähte schließen. Aus dem Halsausschnitt 76 Maschen mit der Rundstricknadel 5,5 mm auffassen und 3 cm im Rippenmuster in Runden stricken. Maschen abketten. Seitennähte schließen.

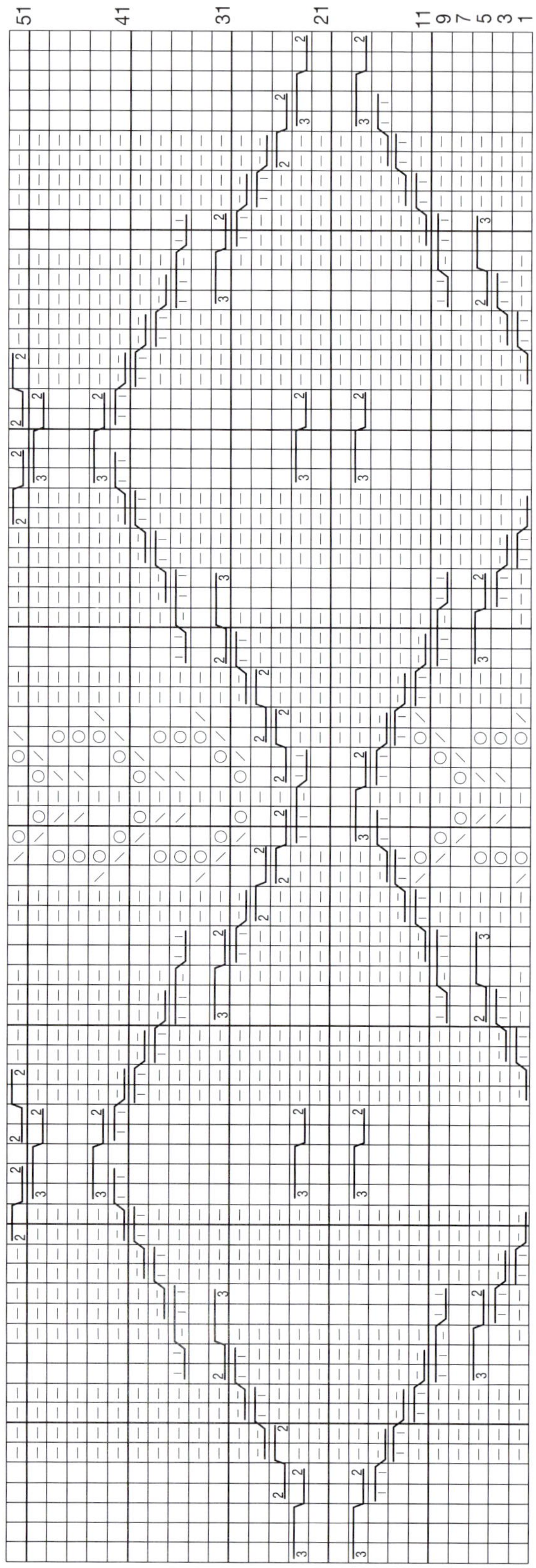

Strickschrift

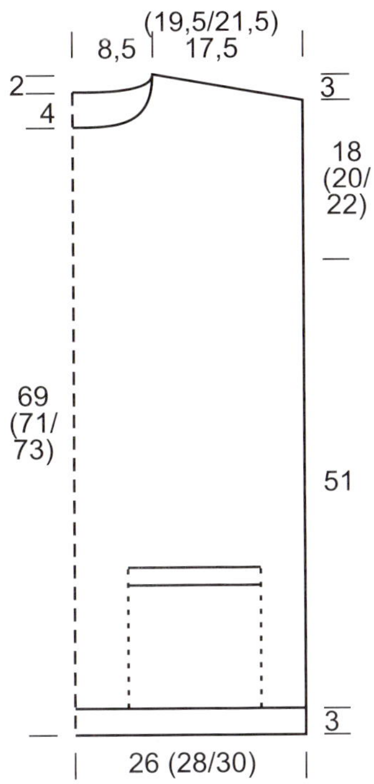

Zeichenerklärung:

= 1 Masche rechts

= 1 Masche links

= 1 Umschlag

= 2 Maschen rechts zusammenstricken

= 2 Maschen rechts überzogen zusammenstricken (= 1 Masche wie zum Rechtsstricken abheben, 1 Masche rechts stricken, dann die abgehobene Masche überziehen)

= 2 Maschen auf eine Hilfsnadel vor die Arbeit legen, 2 Maschen rechts stricken, dann die Maschen der Hilfsnadel rechts stricken

= 2 Maschen auf eine Hilfsnadel hinter die Arbeit legen, 2 Maschen rechts stricken, dann die Maschen der Hilfsnadel rechts stricken

= 2 Maschen auf eine Hilfsnadel vor die Arbeit legen, 2 Maschen links stricken, dann die Maschen der Hilfsnadel rechts stricken

= 2 Maschen auf eine Hilfsnadel hinter die Arbeit legen, 2 Maschen rechts stricken, dann die Maschen der Hilfsnadel links stricken

= 2 Maschen auf eine Hilfsnadel vor die Arbeit legen, 3 Maschen rechts stricken, dann die Maschen der Hilfsnadel rechts stricken

= 3 Maschen auf eine Hilfsnadel hinter die Arbeit legen, 2 Maschen rechts stricken, dann die Maschen der Hilfsnadel rechts stricken

= 2 Maschen auf eine Hilfsnadel vor die Arbeit legen, 2 Maschen rechts und 1 Masche links stricken, dann die Maschen der Hilfsnadel rechts stricken

= 3 Maschen auf eine Hilfsnadel hinter die Arbeit legen, 2 Maschen rechts stricken, dann die Maschen der Hilfsnadel wie folgt stricken: 1 Masche links und 2 Maschen rechts stricken

Impressum

Autor: Babette Ulmer
Fotos: Nicolas Olonetzky
Hair & Make Up: Pam Schöntag
Model: Bianca, Nova, Julia
Produktmanagement: Helgrid van Impelen mit Meike Lembeck und Svenja Wiglingshaus
Lektorat: Annerose Sieck
Korrektorat: Stephanie van der Linden
Umschlag: Leeloo Molnàr
Repro: MXM Digital Service GmbH

Herstellung: Julia Hegele
Printed in Poland by CGS Printing

★★★★★

Sind Sie mit diesem Titel zufrieden? Dann würden wir uns über Ihre Weiterempfehlung freuen. Erzählen Sie es im Freundeskreis, berichten Sie Ihrem Buchhändler oder bewerten Sie beim Onlinekauf. Und wenn Sie Kritik, Korrekturen oder Aktualisierungen haben, freuen wir uns über Ihre Nachricht an Christophorus Verlag, Postfach 40 02 09, D-80702 München oder per E-Mail an lektorat@verlagshaus.de.

Unser komplettes Programm finden Sie unter

www.christophorus-verlag.de

In diesem Buch wird aus Gründen der besseren Lesbarkeit das generische Maskulinum verwendet. Weibliche und anderweitige Geschlechteridentitäten werden dabei ausdrücklich mitgemeint, soweit es für die Aussage erforderlich ist.

Für die großzügige Bereitstellung der von uns verwendeten Garne bedanken wir uns herzlich bei Austermann Vertriebs GmbH (Süssen), Buttinette (Wertingen), Junghans-Wolle (Aachen), LANA GROSSA Mode mit Wolle Handels- und Vertriebs GmbH (Gaimersheim), ONline Klaus Koch GmbH (Stadtallendorf), SCHULANA GmbH & Co. KG (München), Schoppel (Wallhausen).

Die abgebildeten Modelle wurden angefertigt von Eva Huber, Maria Böhly und Birgit Schwer.

Die Deutsche Nationalbibliothek verzeichnet diese Publikation in der Deutschen Nationalbibliografie; detaillierte bibliografische Daten sind im Internet über http://dnb.d-nb.de abrufbar.

2. Auflage 2023

Infanteriestraße 11a
D 80797 München

ISBN 978-3-8410-6656-5

Kreativ-Service

Sie haben Fragen zu unseren Büchern und Materialien? Wir beraten Sie gern rund um alle Kreativthemen.
Rufen Sie uns einfach an. Wir interessieren uns auch für Ihre eigenen Ideen und Anregungen.
Sie erreichen uns per E-Mail kreativ-service@c-verlag.de oder unter der Telefonnummer 0049-89-1306 99 577.

Besuchen Sie uns im Internet: www.christophorus-verlag.de & www.selbstgemacht.de

Ebenfalls erhältlich ...

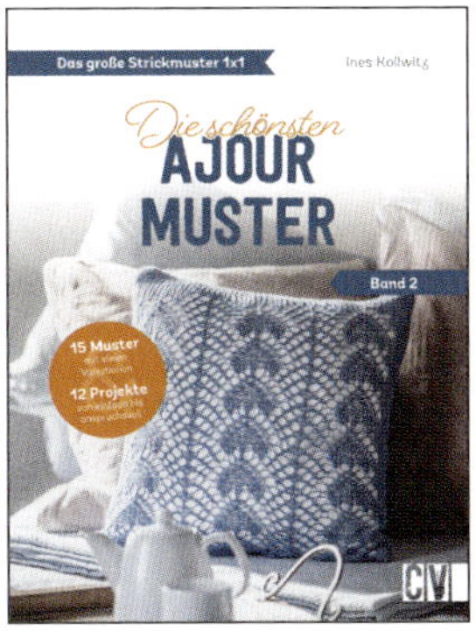

ISBN 978-3-8410-6623-7

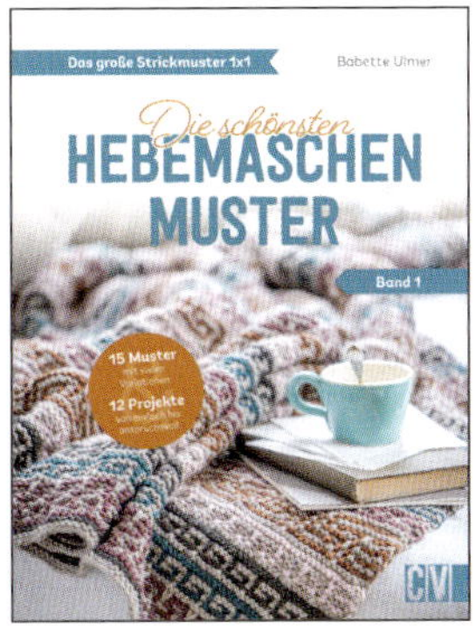

ISBN 978-3-8410-6640-4

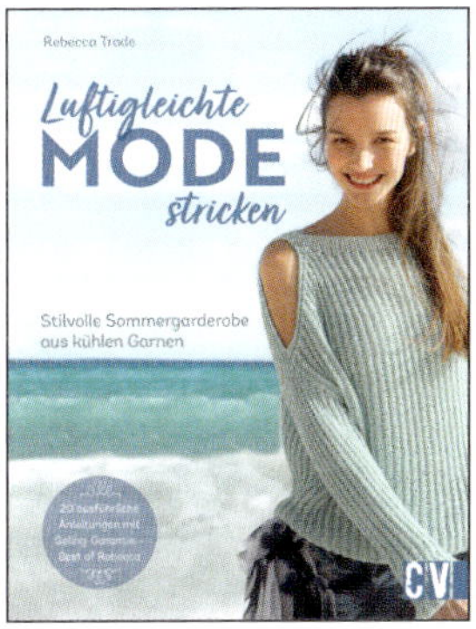

ISBN 978-3-8410-6633-6

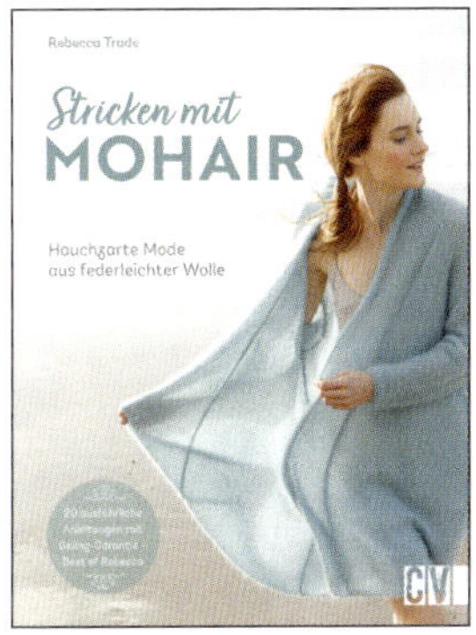

ISBN 978-3-8410-6632-9

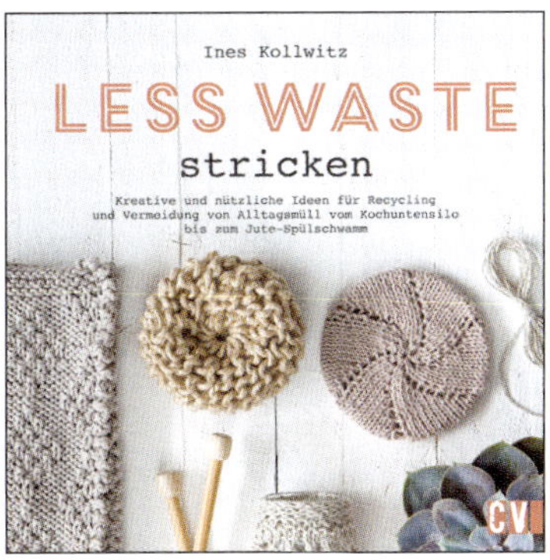

ISBN 978-3-8410-6618-3

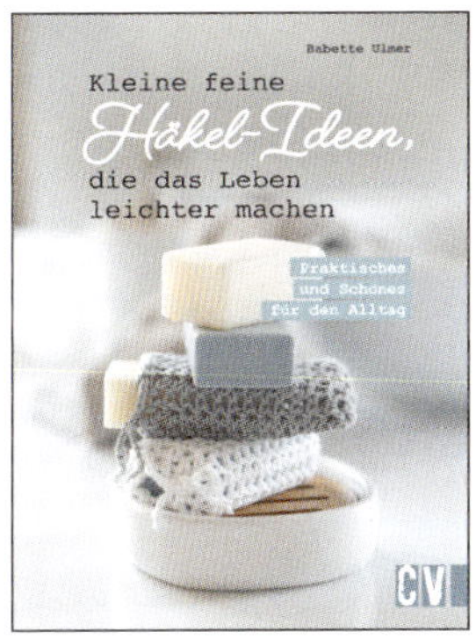

ISBN 978-3-8410-6620-6

www.christophorus-verlag.de

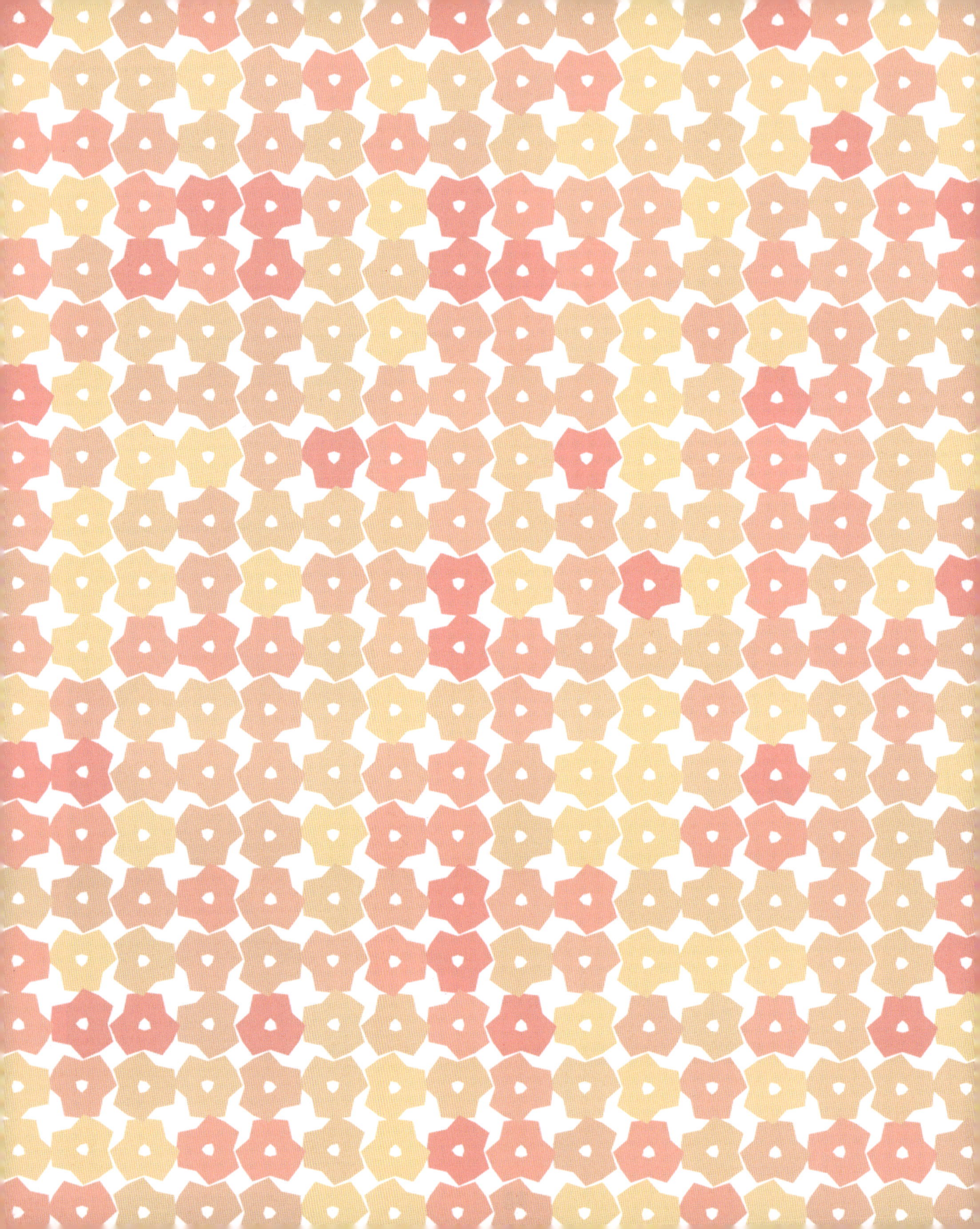